李睿◎编著

狼性团队

WOLF TEAM

企业如何打造精英团队

像狼那样团结，铸造万众一心团队

石油工業出版社

图书在版编目（CIP）数据

狼性团队：企业如何打造精英团队/李睿编著.
北京：石油工业出版社，2010.6
ISBN 978-7-5021-7772-0

Ⅰ. 狼…
Ⅱ. 李…
Ⅲ. 企业管理-组织管理学
Ⅳ. F272.9

中国版本图书馆 CIP 数据核字（2010）第 077528 号

狼性团队——企业如何打造精英团队
李睿　编著

出版发行：石油工业出版社
（北京安定门外安华里 2 区 1 号　100011）
网　址：www.petropub.com.cn
编辑部：(010)64523643　营销部：(010)64523603
经　销：全国新华书店
印　刷：北京晨旭印刷厂

2010 年 8 月第 1 版　2018 年 8 月第 27 次印刷
710×1000 毫米　开本：1/16　印张：15
字数：230 千字

定价：28.00 元
（如出现印装质量问题，我社发行部负责调换）

前　言

关于狼，有这样一段描写：

狼者，群动之族。攻击目标既定，群狼起而攻之。头狼号令之前，群狼各就其位，欲动而先静，欲行而先止，且各司其职，嚎声起伏而互为呼应，默契配合，有序而不乱。头狼昂首一呼，则主攻者奋勇向前，佯攻者避实就虚，助攻者蠢蠢欲动，后备者厉声而嚎以壮其威……

我们都知道，在狼成功捕猎过程的众多因素中，严密有序的集体组织和高效的团队协作是其中最明显和最重要的因素。正是因为如此，狼在单打独斗时虽不敌虎、狮、豹，但狼群可以杀死它们。在蒙古草原上，任何动物都对狼畏惧三分，原因就在于它们有强大的团队合作精神。

可以说，狼是将团队精神发挥得最为淋漓尽致的动物。这一切，都是狼群生活条件的艰苦所造就的。因为一条狼可能很容易被饿死，而一群狼则可以生活得很好。狼群在捕获猎物时非常强调团结和协作，因为狼知道，自己和其他动物相比，实在没有什么特别的优势。要想在这个世界获得生存的机会，就必须依靠团队的力量。久而久之，狼也就演化成了打造团队的高手。

现在，在日益激烈的市场经济竞争中，这种"狼性团队"的精神正被越来越多的企业领导者所关注。企业领导们从狼的身上真正明白了为什么企业内部员工能力很好，但是企业就是不发展的原因——没有团队精神。任何一个企业，如果失去了团队精神，那么，这个企业的内耗就会增加，甚至这种内耗还会演变成内斗，不仅对企业的创收无益，而且还会给企业带来"内伤"。

因此，狼身上所具有的"团队"精神正是现代企业所需要的。只有真正像狼一样去打造团队，团队的力量才能发挥出来。那么，企业领导们如何做才能打造像狼一样的团队呢?

第一,要明白“狼性团队”身上的共性。即狼性团队身上都有哪些共同点,只有具备这些共同点,才能成为真正的狼性团队。

第二,找到或者培训像狼一样的员工。正所谓一个优秀的狼群是由一条条优秀的狼组成的,一个像狼性团队的企业团队也是由一个个像狼一样的员工组成的。只有从内到外,把员工塑造成真正的“狼”,这个团队才有希望,才会显现自己的战斗力。

第三,打造团队的狼性文化。狼群有狼群的文化,企业团队有企业团队的文化。那么,企业团队文化是否能和狼群文化进行合并、嫁接呢?从一些成功的企业团队身上,我们得到的答案是肯定的。

总之,一群狼团结拼搏,和谐协作,共同发展的团队精神是一种可怕的力量。这种群体的力量正是企业团体所需要追求的。为了达到企业的目标,每个团体成员就要像狼一样团结协作、清楚个人和团队的共同目标、明确自己的角色定位和在组织中的作用;自觉地担负起自己的责任,并甘愿为了团队而牺牲自己的某些利益;分工合作,相互照应,以快速敏捷的运作,有效地发挥出角色所赋予的最大潜能。

目录 Contents

上篇　目光如炬，透视狼性团队的共性

狼群之所以是狼群，而不是狮子群或者鬣狗群，自然有其独特的因素和共性在其中。那么，它们的共性是什么呢？很多人看不清楚、想不明白。因此，他们的团队总是奄奄一息、毫无生气可言。作为一个团队的领导者，只有通过透视狼性团队的共性，才能把自己的团队打造成一个真正的狼性团队。

第一章　具备优秀头狼的共性 …… 3

头狼的地位并非天生 …… 4

优秀头狼造就优秀狼群 …… 6

远大的理想与责任感 …… 9

群狼公认的优秀头狼 …… 12

具备直面失败的勇气 …… 16

第二章　拥有明确的狼群目标 …… 19

狼群的眼里只有猎物 …… 20

没有猎物就没有狼群 …… 24

确定猎物的优先顺序 …… 27

狼群的责任与使命 …… 31

第三章　具备优秀群狼的特质 …… 35

群狼是狼群的根 …… 36

明确狼群的意义 …… 41

了解优秀之狼的标准 …… 43
优中选优，严格甄选 …… 47

第四章 狼在群体中生存 …… 55
狼绝不会“窝里斗” …… 56
“独行狼”没有前途 …… 59
没有沟通，就无法团结 …… 62
分享是最聪明的生存之道 …… 66
站在别人的立场上思考问题 …… 69

中篇 从内到外，做好狼性团队的训练

一条优秀的狼并不是生来就是优秀的，而是经过后天的捕猎训练而成的；一个优秀的团队成员并不是天生的，也是需要经过后天训练的。这种“优秀性”的训练，不仅仅讲究技能上的提高，也讲究思想觉悟上的提高。只有从内到外都达到优秀，才能称得上真正的优秀。

第五章 从培养狼性开始 …… 75
优秀的狼从优秀的教育开始 …… 76
忠诚是狼群优秀的根本 …… 79
需要“狼心狗肺”的忠诚 …… 83
以奉献的心态面对工作 …… 87

第六章 猎杀能力最为关键 …… 91
完美的猎杀源于训练 …… 92
在追逐猎物中历练 …… 95
能力同样会折旧 …… 98
每一次猎杀都是学习机会 …… 101

第七章　狼群也有狼群的纪律 …… 105
铁的纪律铸就铁的战斗力 …… 106
服从是群狼的天职 …… 110
无视头狼将会遭受淘汰 …… 113
永远和头狼站在一起 …… 117
学会自律，造就成功 …… 121
没有规矩，何以成方圆 …… 124

第八章　协作是生存之道 …… 129
信任自己的同伴 …… 130
为团队荣誉而战 …… 133
在合作中实现双赢 …… 136
明确分工，各司其职 …… 139

下篇　狼群至上，打造团队的狼性文化

一条条个体的狼，如何才能将它们融合成一个狼群？这就需要有狼群文化；企业的一个个员工，如何才能将他们整合成一个团队？这就需要有企业文化。无论是狼群，还是团队，只有融入文化，才能形成一个有机的整体。也正因为如此，很多人将团队文化比喻成"团队粘合剂"，缺少这一点，团队将会分崩离析，毫无战斗力可言。

第九章　认同并融入狼群 …… 145
为狼群目标而奋斗 …… 146
条狼应该服从群狼 …… 148
想想我能为狼群做什么 …… 152
承担狼群的责任 …… 155

第十章　舍得为狼群奉献自己 …… 159
一条舍身成仁的狼 …… 160

注重狼群的命运 …… 162
把心交给狼群 …… 165
你代表着团队的形象 …… 167
打造“节约型”狼群 …… 171
不掉入同一个陷阱 …… 173

第十一章　记住作为一条狼的责任 …… 177
狼,没有任何借口和条件 …… 178
责任是条狼的精神灵魂 …… 181
使命让狼自动奔跑 …… 185
在头狼发出命令之前行动 …… 187

第十二章　摆正心态才能捕好猎 …… 191
以猎物的心态去思考 …… 192
不断提高自我要求 …… 195
严于要求才能出好狼 …… 198
专心致志捕好每次猎 …… 200
不可满足昔日取得的成就 …… 203

第十三章　只有狼群才具备战斗力 …… 207
“英雄狼”为什么会死亡 …… 208
善于把狼变成狼群 …… 212
别对你的战友求全责备 …… 215
头狼的舔舐最鼓舞狼心 …… 217
让群狼都积极参与进来 …… 220
尊敬狼群中的每一条狼 …… 222
良好的沟通让狼群更和谐 …… 225
准确认识狼群中的各个角色 …… 230

上篇

目光如炬，透视狼性团队的共性

狼群之所以是狼群，而不是狮子群或者鬣狗群，自然有其独特的因素和共性在其中。那么，它们的共性是什么呢？很多人看不清楚、想不明白。因此，他们的团队总是奄奄一息、毫无生气可言。作为一个团队的领导者，只有通过透视狼性团队的共性，才能把自己的团队打造成一个真正的狼性团队。

第一章

具备优秀头狼的共性

一个狼群的好坏，很大程度上取决于其头狼的好坏。一条优秀的头狼能造就一个优秀的狼群，打造出一个优秀的狼队。狼群是如此，企业团队也是如此。企业团队的领导者是团队的旗帜，是团队的精神之魂。一个企业团队是否是一个卓越的团队，能否在激烈的竞争中脱颖而出，这与团队的领导者有着直接的关系。一个企业团队，只有具备一个优秀的领导者，才能成为一个优秀的团队。

头狼的地位并非天生

在狼群中，
任何一只弱狼都可以向头狼发起挑战，
胜利者就会接管头狼的一切，
而失败的一方，则会被狼群分尸
这就是弱肉强食的生存法则
由于头狼是力量、勇气和智慧的象征，
所以任何一只弱狼都不愿意轻易拿自己的生命做赌注
但是，作为一只想成为头狼的狼
在臣服头狼的背后眼睛里总是闪现着摄人的光芒
它知道，自己生来并不是头狼
却必须为成为头狼而奋斗拼抢
只有这样，才有成为头狼的机会。
……

——【狼性宣言】

在今天，“成功”比在历史上任何一个时代都充满诱惑力。但是，成功并不是唾手可得的，是需要自己努力去争取的。天下没有不努力去做就能成功的事业，也没有坐享其成的美事。唯有通过自己的努力，通过自己的付出和奋斗才有可能一步步地迈向成功。

当然，人群中不乏宿命论者，他们认为命运是与生俱来的，根本不会改变，一切只能听天由命。持有这种观点的人就好比狼群中那些默默无闻的弱狼一样，只能跟在头狼的身后，言听计从，任劳任怨，丝毫没有自己打拼天下的意愿。

然而，不甘寂寞者是渴望成功的，他们渴望在众人面前脱颖而出，成为领导众人的“头狼”。怀揣这种夙愿的人内心始终有一个信念：自己生来并不是“头狼”，但却有成为“头狼”的机会；自己生来并不是佼佼者，但却有成为佼佼者的潜力。可以想象，这种自我暗示的力量是无比强大的。在这里，我们不妨参考一下李嘉诚争做“头狼”的过程。

李嘉诚的家庭并不富有，在他小的时候，父亲带着他们一家从潮州逃难到香港，一家人的生存环境极其恶劣，家徒四壁，生计维艰。两年后，香港沦陷，父亲一病不起，只有 14 岁的李嘉诚不得不肩负起养家糊口的重担。

在别人只为吃穿奋斗的时候，李嘉诚的志愿却是要成为富翁。他深深懂得，富翁并不是凭空从天上掉下来的，只有通过不断的拼抢，和时间拼阅历，和竞争抢机会，他的理想才能变成现实。

李嘉诚最先从事的是推销行业，虽然他在这个行业取得了一定的成功，但再努力毕竟只是一名高级“打工仔”。后来，李嘉诚成为塑胶厂经理，这本该是一个不错的职位。但是，他认识到，自己管理的塑胶企业、塑胶公司的财产是公司董事长的，失败的最终承担者也只有董事长本人，企业的成败都与自己的关系不大。这使得十分渴望证实自身价值、实现伟大抱负的李嘉诚下定决心要自立门户。因此，无论老板怎样赏识，再三挽留，李嘉诚都决意要离开，他要用自己平日点滴的积蓄从零开始，亲自创业。

没过多久，说干就干的李嘉诚，以自己多年的积蓄和向朋友筹借的五万港元租了一间厂房，创办了“长江塑胶厂”，专门生产塑胶玩具和简单日用品。从此，李嘉诚开始了他叱咤风云的创业之路。后来，李嘉诚涉足地产，长江工业改为长江地产，集中发展地产，并更名为长江实业，成功上市。

李嘉诚从一个临时跑街的推销员到年轻的塑胶厂总经理，再到全香港知名的房地产大亨、全亚洲的天之骄子，用他自己的话总结就是：“没有被生活遗弃的人，只有遗弃生活的人。”

我们回顾李嘉诚走过的创业历程，发现正是争做“头狼”的自我暗示力量造就了他的成功。人之所以能够驾驭环境，自主成败，就是因为他可以运用潜意识的力量，尤其是对自我的暗示。头狼与弱狼之间、成功者与平庸者之间最大的差异就是在于自我暗示的力量。奋斗目标一旦确立，不是在奋斗中死亡，就是在奋斗中成功。具备了这种信念，我们就能做成世界上能做的任何事情。

【狼性团队说】

“头狼的地位并非天生的，我也有成为头狼的可能”，头狼与弱狼之间、成功者与平庸者之间最大的差异就是在于这种自我暗示的力量。争做“头狼”的目标一旦确立，命运就只有两种选择：不是在奋斗中成功，就是在奋斗中死亡。

优秀头狼造就优秀狼群

我是一条狼
一条受人尊崇的头狼
我的使命不是享受狼群的尊崇
而是带领狼群走向强大、走向优秀
只有这样
我才能不愧于“优秀”这个称号
……

——【狼性宣言】

寒冷的北方草原，雪风呼啸，天空阴沉沉的，预示着将有一场更大的暴风雪将要来临。

在将近零下三十摄氏度的低温里，雪花已经失去了原有的温柔，变得硬邦邦的，像一块块带着棱角的石头砸在同样坚硬的土地上。白茫茫的草原上，夜一般的寂静，在这片土地上，似乎从来就没有过往日的生机。

可是，很快，草原的寂静被一群移动的黑点打破了。在这些快速移动的黑点中，似乎还夹杂着愤怒、撕咬、惨叫之声……原本平整的白色“雪毯”此刻已经被撕裂得支离破碎、其中还点缀着星星点点的血红色。对狼群有着深刻了解的草原牧民们知道，这群狼正在进行争夺“头狼”位置的战争，这也就意味着这群狼可能要“改朝换代”了，不过这个狼群的头狼还很年轻。估计是一条“不知天高地厚”的年轻公狼处于发情期，想要获得母狼的交配权。

在这一点上，狼和人类之间就有着很明显的区别。在很多时候，一个人担任某个团队的领导者职务，靠的就是年纪大、经验足、威望高。可是狼群并不一样，它要想走向头狼的岗位，就必须依靠年轻有为、有足够的勇气挑战头狼的地位。只要它能打败头狼，就有机会获得头狼的位置，也有机会获得狼群中母狼的交配权。

从移动中的黑点来看，这是一个比较大的狼群。估计总共有 15 条到 20 条狼。据草原的牧民说，这个狼群在当地非常有名，头狼的嘴角总是泛着星星点点的血红色，所以人们就叫它红嘴狼，它登上“头狼”的宝座已经将近 5 年的时间了。而这次和它争夺头狼位置的一条狼是狼群中一条比较年轻的公狼，最多也就刚刚成年 2 年。

刚刚成年 2 年的年轻公狼想要对抗一个有着 5 年“头狼”经验的中年狼来说，并不是一件很简单的事情。听着断断续续传来的惨叫声，牧民们就知道，年轻公狼的挑战失败了，这条年轻的公狼正在接受头狼的惩罚。

事实果然如牧民们所料，一条灰背的公狼正摇着尾巴，匍匐在红嘴头狼的面前，一会儿舔舔红嘴头狼的毛发，一会儿又趴在头狼面前摇尾乞怜，活脱脱一副战败乞降的样子；一会儿又跑到母狼面前献殷勤，似乎是希望母狼能站出来说句话，减轻头狼对自己的惩罚。而此时的头狼则昂着高傲的头，发出一声声震耳欲聋的嗥叫声，意在向周围的群狼表示，自己还是这群狼的领导。偶尔低下头，撕咬一下这条年轻的灰背公狼，意在惩罚对方。

很快，草原又归于平静，这群狼经历了“头狼风波”之后很快离开了现场，投入到了下一轮的捕猎之中。

生活在附近的牧民们都一致认为红嘴狼是一条不错的头狼，也正是这条红嘴狼，将原本只有几条成年狼的狼群发展壮大成如此之大的狼群。这个狼群不仅仅成员多，而且捕猎能力也很强，也正因为如此，红嘴狼很少带着自己的狼群去侵犯牧民的牛羊马。所以这个狼群也最少遭到牧民的猎杀。

可是，此前这个狼群的头狼并不是红嘴狼，而是另外一条大黑狼。在大黑狼“执政”时期，经常带领着自己的狼群偷袭牧羊人的羊群，致

使很多狼遭到牧羊人的屠杀，狼群中狼的数量急速下降。

两条头狼，两个不同的情况。周边的牧民都非常感叹地说：“其实狼和人都是一样，只有选择一个合适的领导者，才能有出人头地的机会，否则一切都将是空话。”牧民们的话说明了一个问题：一条优秀的头狼能造就一个优秀的狼群。

其实这一点，在很多地方都能得到验证。比如在我们所熟悉的电视剧《亮剑》之中，原先的独立团是一个普通得不能再普通的团了，甚至在遭到日军突袭的时候，竟然乱作一团，毫无战斗力可言。所以，独立团曾经被首长形象地比喻成“发面团”。为了切实提高独立团的战斗力，首长将铁杆人物李云龙放在了团长的位置上，成了独立团的“头狼”。在经过短短的一段时间之后，李云龙“执政”的这个团焕发出了前所未有的生机，成了旅部的一把钢刀，随便往哪里一放，都能砍出一个豁口。同样的独立团，为什么前后会有不同的表现，关键就在于换了一个团长。头狼换了，那么狼群的整体面貌也会跟着换。

1971 年，外表毫不起眼的史密斯接下了金佰利克拉克公司执行长的位子。金佰利克拉克是一家传统的纸业公司，过去 20 年来的股票表现落后股市整体表现 36%。

斯密斯本来是金佰利克拉克的内部律师，他刚中选时，很多人怀疑董事们看走了眼。甚至当时还有一位董事“直言相告”：“执行长必须具备许多条件，可这个人完全没有资格!”

可是，董事们最终排除了众议，力谏斯密斯当上了执行长。而且谁也没有想到，斯密斯一当就是 20 年。在这 20 年时间里，金佰利克拉克公司发生了翻天覆地的变化，甚至可以用“非比寻常”来形容。

在此期间，斯密斯领导公司脱胎换骨，将金佰利克拉克发展成为全球数一数二、以纸业为基础的消费品公司。在斯密斯的领导下，金佰利克拉克股票表现是大盘的 4.1 倍，不但领先竞争对手史谷托纸业和宝碱，甚至也胜过可口可乐、惠普、3M 和奇异等声誉卓著的大公司。

后来柯林斯和一群引领管理思潮的管理界人士开始注意到金佰利克拉克公司不同寻常的发展立场，便将研究目光撞向了斯密斯。他们以严谨的研究方法和步骤，对斯密斯进行了深入的研究，经过为期五年的长期观察，得到了十分令人惊讶的结论。我们暂且不管这个结论是什么，但是从斯密斯和金佰利克拉克公司的发展过程当中我们可以看到一个事实：同样一个企业，不同的领导者会让它们有不同的表现。

从红嘴狼群、李云龙的独立团和斯密斯的金佰利克拉克公司中我们可以得到这样一个启示：只有拥有优秀的组织领导者，团队才能成为卓越的团队，才能在竞争中获得胜利，得到稳定的生存与发展。

【狼性团队说】

团队的领导就是“头狼”，他的一举一动都被员工看在眼里、记在心上。员工的这种“模仿意识”决定了只有一个优秀的领导才能带出一个优秀的团队。甚至可以说，一个团队有多优秀，看这个团队的领导者就知道了。

远大的理想与责任感

在对抗中
我赢了，成了一条头狼
在我发出头狼第一声嗥叫时
狼群把命运交到了我手上
也把责任放到了我肩上
此时，我无路可退
只有奋勇向前
把心中的理想化为现实
才能对得起狼群对我的忠诚
……

——【狼性宣言】

刚刚“上任”的红嘴狼在第二天就作出了一个惊人的决定：全家搬迁，远离牧民区。这样就能减少狼群和牧民之间的冲突，并且能够减少

狼群和狼群之间的竞争，获得更大的发展。要知道，在牧民区周边，总是有好几群狼盯着，彼此之间的竞争是相当激烈的，对于规模比较小的红嘴狼群来说，这种竞争所引起的损耗是巨大的。只有让自己的狼群远离“竞争中心”，获得“休养生息”的机会，才能真正扩大狼群，获得竞争的主动权。

从这一点来看，红嘴狼的领导确实要比原先头狼的领导英明许多，而后来的事实也证明了这一点。而且从红嘴狼的一系列行动中我们发现一个问题：红嘴狼这么做完全是一种“远大理想”的表现，并且它的身上还有着强烈的责任感。

这种责任感是一种对于狼群长远发展的考虑，而不是目光短浅的表现。仅从这一点来看，红嘴狼也是一条优秀的头狼。那么，对于我们人类的企业来说，是不是能从红嘴狼的身上学习到一些什么东西呢？毫无疑问，这是肯定的。

现在，我们在评定一个团队是否卓越的标准是什么？说起来很简单，那就是我们看看这个团队是否有着较强的执行力，是否能朝着团队既定的目标前进，能否有效的解决所面临的困难与阻挡，最终顺利地实现团队的整体目标。

执行力的强弱决定了企业的命运，决定了团队的生存与发展。然而，这种执行力从何而来呢？现今的一些企业、团队为了能够加强自身的执行力度。它们大多所做的是将目光和焦点放在团队中的基层成员身上，试图通过技能或者职业道德的培训去实现这一目标。虽说这样做有着一定的理由，也能取得一定的成效，因为团队的基层成员才是真正的贯彻与执行者啊！可惜的是，不管企业和团队的领导者怎样努力，都没能取得他们所希望的效果。

为什么会这样呢？

决定执行力强弱的就是团队领导者的心中是否有着一个明确的团队整体目标，以及责任感的强弱。现今企业与团队的领导者能给团队的成员培训，以求提升执行力是没错。但是我们要知道的是：如果作为团队的组织者与领导者，自身的目标不明确以及对团队缺乏责任感，又怎能去培训和引导团队中的成员，让团队中的成员心中都有一个明确的目标方向，拥有强烈的责任意识呢？

靠观念致富的英雄“微软”公司，既不“微”也不“软”，它凭借硬梆梆的股票市值，让人们看到了信息网络时代的神话。微软公司上市之后，市值也超越了波音、IBM 以及三大汽车公司市值总和，直至突破 5000 亿大关超越通用电器（GE），成为全球市场价值最高的公司，年营业额超过世界前五十名软件企业中其他 49 家的总和，被评为“最受尊崇的公司”。

微软的成功在很大程度上应该归功于比尔·盖茨个人的成功，盖茨当年白手起家，创立了微软公司，他在 31 岁时成为有史以来最年轻的亿万富翁，37 岁时成为美国首富并获得国家科技奖章，39 岁时身价一举超越华尔街股市大亨沃伦·巴菲特成为世界首富；同年，以一票之差击败通用电器的杰克·韦尔奇，被《工业周刊》评选为“最受尊敬的 CEO”；盖茨被誉为电脑奇才、20 世纪最伟大的计算机软件行业巨人；被《时代》周刊评为在数字技术领域影响重大的 50 人之一。

比尔·盖茨和微软，创造了 20 世纪最美丽的神话，吹响了信息经济时代最嘹亮的号角，他的成功不是靠幸运取得的，微软也不是建立在偶然基础上的软件帝国。盖茨不仅是个电脑天才，更是一个经营和管理的天才，他坚持雇用顶尖的人员做事，不以全公司的前途作赌注，鼓励员工正视失败并不断向成功挑战。正是比尔·盖茨本人的远见卓识发现了一条与时代紧密接轨的新型道路。并引领微软在这条道路上不断前进，大胆创新，把握机遇，壮大规模，铸造了 IT 历史上的一大奇迹与辉煌。

微软公司最让人称颂的一点就是它的责任感。比尔·盖茨有一句名言：“我的企业离破产只有 12 个月。”这就是告诫他的全体员工，如果企业无法不断地创新和进步，也许一年后就不复存在了。因此，只有依靠不断地创新和进步，企业才能不断发展，取得更大的成功。

微软人始终把自己当做市场的开拓者——创造或进入一个潜在的大规模市场，然后不断改进一种成为市场标准的好产品。于是微软公司不断进行产品的革新，并不时创造重大突破，并在公司内部形成了一种不断的新陈代谢的机制，使竞争对手很少有机会能对微软构成威胁。其不断改进新产品，定期淘汰旧产品的机制，始终使公司产品成为或不断成为行业标准。责任感贯穿微软经营的全过程。

总而言之，团队虽说是一群有着共同的理想与责任感的人聚集在一

起的组织，但是归根结底这一共同的理想与责任感的强弱还是由团队的组织与领导者所决定的。每个卓越的团队的组织领导者都是一个有着明确的团队目标和责任感的人。因为，团队的组织与领导者是团队的旗帜，是团队的精神之魂，团队成员所做的一切，其实就是团队的组织与领导者的个人理想与责任感的延伸。

一个平庸的人是不可能组建一个卓越的、充满战斗力的团队的，我们要想组建一个卓越的团队，首先要做的便是要拥有比团队的成员更远大的理想以及更强的责任感。

【狼性团队说】

一个团队是否具备远大的理想，关键要看团队的领导者是否有“理想意识”；一个团队是否善于承担责任，关键要看团队的领导是否具有“责任意识”；只有团队领导者具备了这两点，他所领导的团队才会具备理想和责任感。

群狼公认的优秀头狼

头狼
是力量最强大的公狼
也是群狼最信服的公狼
因此，我必须让自己变得优秀
我只有
用自己的行动来证明这一点
才能真正领导狼群
用我的嗥叫声
指挥狼群向猎物发起冲击
……

——【狼性宣言】

自从红嘴狼当上这个狼群的“头狼”之后，狼群的状况明显有了改观。在一般的狼群之间，头狼和狼群之间等级严格，在捕获猎物时，只有等头狼享用完了之后，群狼才有资格享用，除非是母狼，否则将会遭到惩罚。

可是红嘴狼并没有严格执行这种等级制度，而是在捕获猎物之后，把“首先享用”的权力交给了狼群里的未成年小狼，在等小狼吃饱之后，头狼才会和狼群一起享用美餐。除非出现其它动物来抢夺食物时，头狼才会和狼群在小狼前面抢先把食物吃完。不过一般在这种情况下，回到窝里的红嘴狼都会主动把胃里的食物吐出来，喂给小狼。

红嘴狼这一系列“反常”的行为并没有让狼群对它产生不敬。相反，在狼群心目中，红嘴狼更有威严、更加适合当它们的“头狼”。就连平时对狼深恶痛绝的牧民们也纷纷夸讲红嘴狼是一个慈祥的“父亲”。在蒙古草原上，狼是牧民们的图腾，在他们心目中看来，像红嘴狼这样的头狼是百年不遇的。

人有人品，狼也有狼品。红嘴狼的身上具备了整个狼群所公认的优秀狼品，并因此而受到狼群、乃至牧民的尊敬和爱戴。从中我们看到一条优秀的头狼正如一个优秀的团队领导一样，不仅能获得团队成员的尊敬，而且还能利用团队成员的尊敬，把团队带领成为一个卓越的团队。

因此，一个卓越团队的组织领导者不仅要有远大的理想与责任感，还应有优秀的品德。

组成一个团队的最主要的目的是什么？就是为了能够使自我的力量变得更加强大，更容易把目标变成现实。而怎样才能做到这一点呢？

我们发现一些卓越的团队，它们都有着一个共同点，那就是这些团队的组织与领导者都是品德优良的人。

在美国传奇教练隆巴迪所著的《高效团队的24项法则》中，就认为品德是团队组织领导者的领导法则中极其重要的因素。那么品德究竟是什么呢？

他认为：

品德是写在、铭刻在每个人身上各个部分的东西。每个人都有性格，但并不是所有人都有品德。品德是建立在不变的原则之上，是我们的潜

在核心，具有无法言语的威力，稳固而坚定，而不是闪烁不定。更重要的是品德是我们成长，成熟过程中所做出的决定和选择。它不是某种直接给予我们的东西，而是多年来我们所选择某种做事方式而不是选择另一种方式的最高境界，是我们多年来相信事实而不是欺骗自己，尊重他人而不是慢待他人，同情他人而不是施暴于人等品格的积累，而是这种积累所达到的最高境界。

李开复与北京大学的一位领导一同参加中央电视台的《对话》节目时，他将"人品"列于一个人才所有的素质之首，超过了智慧、创新、情商、激情，等等，这样的观点对领导者同样适用。日本三洋电机的总经理井植薰也有类似的观点，当有人问他"你们三洋公司生产什么产品?"他会这样回答："也生产电器产品。"针对这个"也"字，他会解释出三洋成功的奥秘："我们还要塑造人，更要制造社长，制造总经理。"

三洋电机的成功和井植薰本人是密不可分的，他坚信：要想塑造他人，必先塑造自己。只有将自己塑造成一名称职的企业领导人，才有充分的资格去教育和培养他人，劣质的总经理想要"制造"优质的属下是绝对不可能的，劣等的经营者也绝对领导不了一家优秀的企业。在他看来，领导者自身的修养是十分重要的，他所讲的塑造自己也不是一句空话，他总是努力自我约束，为员工做出表率。

井植薰每天上午去公司上班的时间可以精确到以秒来计算，天长日久，公司大楼的门卫都把他当成了标准的时钟，每当他的身影出现在公司大门前，门卫就会有意无意地伸手看自己的表，嘴里老是"真准时啊"地说个不停。这还只是件小事，作为企业的领导者他更是把自己塑造成模范遵守企业规章制度的典范，"欲善人，先律己"，这是井植薰常常挂在口头的一句话。有一次他在演讲时说了这样一段话："你们的企业在制定各种规章制度的时候是否想过，谁最应模范地遵守这些制度？如果你认为，企业的规章制度只是一种控制属下和员工的手段，那么你就大错特错了，错到了足以使你的企业一蹶不振的地步。如果你认为，公司的全体成员包括企业主和总经理在内都应遵守公司的规章制度，那么你就对了大半，你的企业还有希望。只有你清醒地认识到，作为企业主必须比其他所有的员工更加模范地遵守一切规章制度，并且为此而坚持不懈，你才具备了承担企业领导职务的基本条件，你的企业才能兴旺发达。"

井植薰作为三洋公司的总经理，通过言传身教，身体力行着三洋公司“造就他人，塑造自己”的经营理念。他经常因为出差无法出席公司的重要会议，这时他就会让人把会议过程全都录下来，回来后再听录音了解情况。除此之外，他还把公司的各种演讲活动、教育中心的各类讲座都录下来，以供他随时听阅、学习。除了各种录音资料外，他还经常剪报。有一次，一位记者看到他成堆的剪报资料后说：“下次我再要查资料，就上您这儿来，您这儿比图书馆还要方便齐全。”井植薰的种种做法既是为了提高自己的工作能力，同时也是通过自己的行为启发公司员工处处注意培养自己的工作能力。他认为这是人才培养的一个重要环节，也是“欲善人，先律己”的经营思想的另一种反映。

井植薰的这种做法如果说他没有良好的个人修养是很难做到的，正是他优秀的个人修养让他可以做到“欲善人，先律己”，他通过他的种种作为向企业的员工呈现的是一种强大的领导形象，在他的带领下整个三洋电机的领导层都展现出这种强大的领导力。

这就是团队组织领导者的品德力量。因此，我们要使得团队成为一支卓越的团队，团队的组织领导者就必须加深自我品德的修炼，做一个拥有良好品德的人。

隆巴迪告诉我们，要建立自我良好的品德可以使用以下三个方法：

（1）从逆境中学习。只有在逆境的时候，我们才更乐意接受更深刻的知识。当我们意识到自己不能对所有的情况进行解答时，我们就会开始问一些有意义的问题了。

（2）用纪律塑造品德。吸收你信服的原则和价值观，这样在危难时刻它们会发挥作用。要做到这一点，需要每天对其进行巩固和练习。

（3）明确自己崇拜的目标。英雄身上体现了对我们非常重要的品德，并促使我们更深刻地审视自己，看看应该如何经营自己的生活。

【狼性团队说】

一个团队的领导者素质的高低，直接决定了他所带领的整个团队的整体素质的高低。要想带领好一个团队，首先就得做好领导者的个人修养，以最优秀的一面面对团队。只有这样，团队成员才会信服你，跟随你，团队才会变得更加优秀。

具备直面失败的勇气

既然我选择了做一条狼
就等于选择了要经常面对失败
在逃脱的猎物面前
我所需要的不是感性的伤感
而是狼性的勇气
重整狼群
向着猎物再一次发起冲击
直到咬断猎物的脖子为止
……

——【狼性宣言】

狼群的力量虽然很大、捕猎能力很强，但是捕猎失败的情况还是经常发生。特别是在大雪纷飞的季节，草食性动物原本就少，加上雪厚脚短，奔跑起来很不方便，使得狼群的行动速度减慢很多。更严重的是，在白雪的映衬下，狼群黑色的身影总是能让猎物在第一时间发现并逃脱。这些不利于狼群的因素纠结在一起，使得狼群的捕猎成功几率越来越低，生存越来越困难。

在遇到这种情况，一般狼群的头狼都会带领自己的狼群举家迁徙，或者干脆跟着猎物一路奔袭，猎物走到哪里，它们就跟到哪里。这样做或许能捕获一些猎物，但是在一路行进的过程中，难免会遭遇到各种各样的困难，比如说狼群之间的地盘争夺、和其它肉食性动物之间的竞争……这样势必会引起狼群力量的减少，甚至是狼群数量的减少。

鉴于这一点，红嘴狼并没有像一般的狼群一样选择离开，而是坚守阵地，只不过它把整个狼群分成三个小狼群，每个小狼群有 3 ~ 4 条狼，专门捕杀一些比较小的动物，比如说草原上的土拨鼠、旱獭等。一旦遇到野马群或者野牛群，红嘴狼就会把狼群集合在一起，一起对付这些大型猎物。当然，这些大型猎物也不是好对付的，失败的几率相当高。而每次失败，红嘴狼都会坦然面对，要么再接再厉，要么选择其它的途径来捕获猎物。

记得有一次，红嘴狼发现了一群野马在一片开阔的雪地中间扒雪啃食草根，此时天色将黑，如果狼群能在此时发动攻击，将会是一顿美餐。于是头狼偷偷离开现场，在距离野马群足够远的地方，它发出了长长的"嗥叫声"，开始召集自己的队伍……不一会儿的功夫，整个狼群12条成年狼全部到齐，围绕在红嘴狼身边，舔舔毛发或者匍匐前进，表示着自己的效忠。不过红嘴狼没有理会这么多，而是发出了低沉的嗥叫声，似乎是在宣布任务。

果然，嗥叫声结束，狼群各自散开，向着头狼所指定的预定地方埋伏。因为野马群所在的位置后方有两个小树林，之间不过5~6米的距离，两个小树林将中间的狭长地带变成一个口袋一样，红嘴狼的最初意图是将野马群赶入这个口袋，然后四面夹攻，就能一举获得成功。

于是，它在小树林中埋伏了整整8条体型、力量强悍的成年狼，而另外的四条则负责合围。因为红嘴狼知道，野马群并不好对付，如果没有足够多的狼群参加捕杀的话，很可能"赔了夫人又折兵"。可是它似乎也忘记了一点，如果合围的狼太少，野马群很可能会突围。毕竟这些野马群也是和狼群打了一辈子交道的，它们很清楚狼群的行为和目的。因此，在夜幕降临、红嘴狼发出攻击指令的时候，野马群并没有按照红嘴狼所预定的方向逃窜，而是在头马的带领下，成功突围。逃离狼群的围捕之后，头马为了庆祝胜利，发出了长长的嘶叫，似乎在庆祝胜利的同时也在提醒周围的野马群所潜在的危险。

面对围捕的失败，红嘴狼并没有表现出很恼火，而是迅速纠集自己的狼群，悄悄借着夜色离开，然后跟着马群一路前进，到一个对狼群更加有利的位置时，红嘴狼再次发出了攻击的指令。这次野马群始料未及，开始四处逃窜，狼群死死盯住一匹野马，八面合围，最终获得成功。

在面对失败的时候，重要的并不是如何去伤感、感叹，而是应该想着如何改变策略，改变失败的结果。从某种意义上来说，这是一种敢于面对失败的勇气，只有具备这种勇气，失败才会变得不再可怕。这一点

是现代企业团队与组织领导者所必需牢记在心和切实做到的。为什么这么说呢?

首先，我们应该知道，虽然团队是为了一个共同的目标而聚合在一起的。而团队在实现这一共同目标的时候，所遇到的挫折和困难是在所难免的，同样，我们只有战胜这些挫折和解决这些难题，目标才能真正得以实现。倘若，团队在遇到这些困难和挫折时，身为团队组织的领导者却不敢面对所遇到的困难与挫折，自己便丧失了信心。试想一下，团队的成员又怎么会有战胜挫折与困难的勇气呢?

其次，团队领导者对整个团队来说，就像是一个乐队的指挥，更是整个团队的风向标，其主要的工作任务和职责便是规划整个团队的发展方向，指导和领着全体成员向着既定的目标前进。在这期间，谁也不能保证自己的决定和所指引的方向就一定是正确的，但是在执行与实施了一段时间，发现问题之后，团队组织的领导者就应当敢于面对，并且应当善于从中总结经验，带领着大家从失败中走出，继续向团队的整体目标前行。

作为一个团队的管理者，你必须十分明确整体的工作目标，了解团队的需要，并明白个人的工作情形，在适当的时候，做出明确果断的决定，不可受任何人情因素、任何不利局面的蒙蔽，即便是失败，也要勇敢面对，如此方能成功。

【狼性团队说】

任何一个团队，都有面对失败的时候。对于团队领导者来说，这个时候一定要懂得坚持、挺住，因为所有的人都在看着你，如果你率先倒下去了，那么，所有人都将步你后尘。只有你具备直面失败的勇气，在挫折面前屹立不倒，这个团队才有重振的希望。

第二章

拥有明确的狼群目标

没有目标的人生是没有意义的人生，更不可能取得多大的发展。对于一个狼群来说，目标就是猎物，否则就会失去生存的机会。而对一个团队来说，没有一个清晰而明确的团队目标，这个团队亦不可能在竞争激烈的环境中得到更好的生存与发展。如果一个团队没有一个明确的奋斗目标，那么，这个团队就没有存在的意义。纵观那些成功的企业，之所以能在险恶的环境中脱颖而出，在全国乃至全球市场上发挥出如此重要的作用，就是在于这些企业自成立的那一天起，就有着清晰而明确的团队目标以及知道这个团队存在的意义之所在。

狼群的眼里只有猎物

我们的眼睛里
只有猎物的身影
没有脚底下的花花草草
也没有头顶上的蜂蜂蝶蝶
那些
对于我们来说
都不是重要的
只有猎物才是我们的终极目标
猎物、猎物、猎物
才是我们生存的一切
……

——【狼性宣言】

我们都知道"小猫钓鱼"的故事，故事中的小猫对于自己的目标并不是非常明确，一会儿是小鱼、一会儿是蝴蝶、一会儿是蜻蜓……忙得不亦乐乎，最终却一无所获。当然，这只是一个故事而已，我们看过之后可能只是一笑而过，可是对于狼群来说，如果出现"小猫"身上的毛病，就很可能遭致灭顶之灾。

狼群知道，猎物是需要自己通过努力去捕获的，它们不是上帝的宠儿，不会把猎物送上门，也不会轻而易举就能捕猎成功。几乎每一次成功的猎杀，狼群都要付出很大的努力、甚至是代价。生存的艰难让狼群学会了一点：用眼睛死死地盯着猎物，只要一有机会，就迅速出击，不给猎物以喘息、逃跑的机会。所以，猎物就是狼群的目标，只有死死盯住这个目标并为之而付出努力，目标才有可能成为现实，生存才有可能获得延续。

其实明确目标对于狼群来说还有一个非常重要的要求：在捕猎的时候，整个狼群的力量要全部集中在一个猎物身上。举个很简单的例子，在捕猎一群野马的时候，狼群要把所有力量都对准一匹野马，而不是每条狼攻击一匹野马，这样只会让野马逃脱，一无所获。要想达到这一点，需要两个条件：第一，头狼目标明确。第二，狼群配合默契。当然，狼群要想配合默契，最终还是需要头狼进行完美的指挥。

在这一点上，红嘴狼做得相当到位。每次捕猎之前，红嘴狼都会把自己的狼群集合起来，"耳鬓厮磨"一番。它这样做不仅是在联络自己和群狼之间的感情，而且也是在培养群狼之间的默契，完成猎杀之前的沟通，谁该做什么、该怎么去做、该向谁发起进攻，等等，在这段时间里，红嘴狼都会对狼群作出一一交代，直到每条狼都明白了自己的任务和目标之后，他们才会分散开，各自设伏，等候攻击的命令。这种捕猎前的沟通目的就是为了明确目标，提高捕猎成功率。

有一次，红嘴狼群已经整整一个星期没有捕获到猎物了，如果再不成功，整个狼群可能就要遭到灭顶之灾了。正在这个时候，一群野马从红嘴狼群的领地经过。此时正是严寒冬季，野马群也因为缺乏食物，到处寻找可以啃食的草根。虽然野马群的膘并不是特别厚，但是对于狼群来说，要是能捕获一匹野马，这个冬天就会好过很多。

于是红嘴狼当机立断：跟上去。狼群在头狼的指令下，悄悄地跟着野马群上路了。一路上，狼群又是埋伏又是隐蔽，它们的眼睛似乎从来就没有离开过野马群。可是等到后面传来陌生狼群传来低沉的怒嗥之时，红嘴狼才明白：自己过界了。

两个狼群狭路相逢，恶战在所难免。面对这种突发意外，红嘴狼果断地作出了决定：利用整体的威势迫使对方投降，不要影响自己的狩猎。于是它安排自己的 12 条狼将对方的 5 条狼包围在其中。就这样整整对峙了 5 分钟之后，对方终于投降了，离开了野马群。红嘴狼再次下达埋伏的命令，只要野马群中出现一匹野马落单的情况，就迅速出击。

果然，不多时，一匹刚成年的野马因为贪吃，离开马群有一段距离，红嘴狼果断地下达了攻击命令，毫无疑问，在一阵厮杀之后，狼群的目标成了现实。

从红嘴狼群的身上，我们看到了一点：目标，只有当团队拥有明确

而正确的目标之后，团队才能真正地发挥出其巨大的力量。

通常情况下，每个团队都不缺少目标，因为管理人员总是喜欢设定目标，并且立求高远。但实际上，许多人往往无法完成他们的预先设定的目标。他们按照一贯的模式制定战略目标、年度目标、运营目标以及财务目标，他们也通过一层层地分派目标来支持高层次的目标。然而，结果却总是难以实现，或者即使实现了目标，他们也不清楚下一次如何才能取得成功。为什么那么多的公司都实现不了他们自己设定的目标呢？

其中一个最根本的原因就是，那些目标太模糊而且过于繁多，使得人们不清楚目标到底是什么，而且面对诸多的“目标”、“方针”、“机会”，感到无所适从，不知道到底该先干什么，后干什么，这种情况产生的结果就是最终目标的流产。

那些真正有执行力的管理者会采取有效的措施来保证公司目标的最终实现，他们是怎样做的呢？他们首先会制定足够明确、清晰的目标，好让每个人都清楚自己的任务。然后，他们会选择3～4个目标，排定优先顺序，以便让人们知道该先做什么，后做什么。

团队的目标应该是什么样的呢？

首先，一个团队的目标，应该是一种“行动的承诺”，以达成团队的使命，也应该是一种“标准”，以测量团队的绩效。团队的目标应该是作业性的，可以转化为特定的目的及特定的工作配置，并且足以成为工作与成就的基础。团队的目标，应该足以成为一切资源与努力集中的重心；这个重心就是团队的人力、财力和物力运用的依据。因此，团队目标应该是“择要性”的，而非包罗万象、涵盖一切。

其次，如果团队的目标仅仅表达一种“意愿”，那么，这些目标将形同废纸，没有丝毫意义。有执行力的管理者设立的目标，一定是具体的、清晰的、明确的、可以测度的，并且可以转化为各项工作。

如何衡量一个团队的目标是否具体、清晰呢？一个最简单的方法就是员工是否能够真正地知道、理解团队的目标，以及清楚他自己的任务。

在1945年山姆·沃尔顿创立第一家廉价商店时，当时他的第一个目标是“在5年内，使纽波特的小店成为阿肯色州最好、获利能力最高的杂货店。”要实现这个目标，这家店的销售额必须增长3倍以上，从年销售额7.2万美元，增长到25万美元。结果是这家店达到了目标，成为阿肯色州和附近5个州获利能力最高的商店。

沃尔顿继续替他的公司设定惊人而清晰的目标，每过10年就订出一个目标。1977年时，他订出的目标是：在10年内成为年销售额1亿美元的公司（亦即增长两倍以上）。

当然，这个目标又实现了。他继续替公司订出新目标，以1990年为例，他订出的一个新目标是：在公元2000年前，使公司拥有的商店数目倍增，并且使每平方英尺的销售额增加60%。

沃尔玛公司的一名董事罗伯特·康恩曾经在一封信中这样写到：

……沃尔顿清楚表明一个目标，要在公元2000年前把商店的数目增加一倍，并且把每平方英尺的销售额提高60%。更重要的一点（也是大家没有注意到的）是，他确实定出了1250亿美元的明确目标……

不只是沃尔顿，其他的优秀管理者也都为公司制定了清晰的目标。比如通用电气公司的韦尔奇，他在最初为CEO制定的目标是这样的："在我们服务的每一个市场中，要成为数一数二的公司，并且改革公司，拥有小团队一般的速度和活力。"相比之下，西屋公司的目标则是："全面品质、市场领袖、科技驱动、全球化、重点增长、多元化。"比起西屋难以了解、不易记住的"愿景宣言"，通用电气的目标显得更清晰、易懂，更能促使大家行动。

一个明确的目标，对团队所造成的影响，比十个不明确目标造成的影响还要大。因为狼群每次攻击只会对准一个猎物，而不是十个猎物，只有让你的目标专一、清晰起来，实现的可能性才会更大。

【狼性团队说】

一个团队，在一个时间段之内，只能把重点放在一个目标之上，这样团队成员的工作才会有侧重点，团队目标才能获得实现。相反，如果目标太多，什么都想实现，到最后反而两手空空。饭要一口一口吃，路要一步一步走，目标要一个一个实现，如此简单的道理，很多团队领导却搞不清楚而导致企业的最终失败。

没有猎物就没有狼群

猎物是为我们而生
而我们
是因为猎物而活
哪里有猎物的身影
哪里就有我们狼群的嚎叫
失去了猎物
我们就失去了目标
也就失去了狼的生活
……

——【狼性宣言】

在自然界，总是有这样一种现象：食草性动物多的地方，那么食肉性动物也就增多。在广阔的蒙古草原上，野马群越多的地方，狼群也就越多。相反，没有野马群甚至没有其它猎物的地方，也就没有狼群的存在。因为只有猎物才能让狼群获得生存，也只有猎物才能吸引着狼群到处走动。

红嘴狼群和其它狼群一样，为了猎物每天都得奔波十几公里乃至几十公里。有时甚至还得忍饥挨饿好几天才能捕捉到猎物。无论什么时候，狼群的目标就是猎物。

红嘴狼群就曾经遇到这样一个阶段。那一年，红嘴狼刚刚坐上“头狼”的宝座，冬季的雪下得很大，连着几天几夜的暴风雪让狼群的生存受到了威胁，不仅仅是巢穴可能会被冰雪覆盖，而且在这样的暴风雪下，狼群很有可能因为无法捕获猎物而被活活饿死。为了生存下去，狼群中的几条狼对牧民的羊群窥视已久，开始跃跃欲试。特别是刚刚被红嘴狼打败的原头狼，更是打起了“单干”的念头，想拉走几条狼，另外成立一个狼群。

在这个严峻的时刻，红嘴狼当即做出了决定：迁徙。因为在狼凭借着几千年的经验知道，越往南走，温度就越高，那么积雪也就越少，捕获猎物的机会也就越多。就这样，它发出了震慑狼群的嗥叫声，将那些跃跃欲试的狼死死地控制在自己手里。就这样，红嘴狼带着自己的狼群开始沿着食草动物的足迹一路追踪，来到一个背风的小山坡。猛然发现那里有很多羚羊在吃草，红嘴狼当即决定，就在附近扎根设伏，想方设法抓捕猎物。要知道，这个小山坡虽然不大，但是却能吸引越来越多的动物前来吃草、避风。

就这样，红嘴狼群在原地待了下来，并且在夜幕降临的时刻，悄然开始了围捕。此时狼群的力量还不是非常大，但是凭借现有狼群的力量，完全可以捕获一只羚羊，甚至更多。随即，头狼对羊群进行了分析，它知道羚羊善于蹦跳，在上坡的时候速度很快，而在下坡的时候，重心在前肢上，容易摔跤。只要羚羊一摔跤，那么狼群就有希望了。

根据这一点，红嘴狼把绝大部分的狼埋伏在山坡之上，而只有两条最强壮的狼埋伏在山坡之下，只要羚羊一摔倒，这两条狼就迅速窜上去，抓捕猎物。夜里，山坡上的暴风雪越来越大了，呼呼的声音掩盖了狼群悄悄进发的声音，此刻正在山坡背面悠然避风的羚羊群并不知道，一个巨大的威胁正在降临：红嘴狼群正在一步一步地靠近。

子夜时分，奔波了一天的羚羊群显得有些疲惫，甚至有几只年轻的羚羊开始躺在地上，虽然头羊一直在保持警惕，但是羊群的防卫已经渐渐失去了作用。就在这个时候，红嘴狼发出了短促、低沉的嗥叫声。狼群一听到这个声音，就知道总攻开始了。于是它们从埋伏地中一跃而起，像一阵风一样冲向了羊群。

虽然羚羊群的警卫部队及时发出了危险警报，但是那些躺下的羚羊还是没有足够的时间站起来，逃离狼群的围捕，特别是这些羚羊在冰冷的地上躺了一段时间，脚有些麻木，加上又是下坡，几只羚羊果然摔倒了，很快，埋伏在山坡下的两条狼分别出击，狠狠地咬住了其中两只羚羊的脖子。看到捕猎成功，红嘴狼又发出了一阵长长的、高亢的嗥叫声。似乎是在庆祝胜利，又似乎是在对外宣布自己对这块领地拥有主权。

在红嘴狼来之前，这个山坡并没有狼群活动，是一个“权力真空地带”，而现在红嘴狼之所以来到这里，关键一点就是这里有猎物——羚羊，这群羚羊将红嘴狼群引到这里。

那么在我们的团队建设上，又能获得什么样的启示呢？这个启示就

是目标引领团队前进。如果失去目标，团队也就失去了前进的动力，更别谈团队的成功了。

纵观世界上那些成功的团队，又有哪一个没有明确的目标、没有利用目标引领自己前进呢？这种目标性的引领可以分为两个方面：

第一，首先选定一个目标，然后再根据这个目标来组建团队。即通过实际的目标来组建完成这个目标所需要的团队。

比如说一个建筑工程团队，首先就是因为有了一个建筑项目的目标之后，项目的承包方才根据这个项目的要求来组建团队，包括工程师、运输人员、施工人员、监管人员等。可以这么说，任何一个团队都是为目标而生的，失去了目标，团队也就不存在了。

麦当劳在进入中国的时候，也经历了一个“由目标到团队”的过程。20 世纪，麦当劳对于刚刚改革开放的中国国民来说，还是一个陌生的名字，那么，怎么样才能把这个项目放在中国，并且成功运行起来呢？这就需要一个团队了，一个专门为麦当劳而组建的团队。可是此时的麦当劳仅仅只有一个准确的目标和一个成熟的运作模式而已，其它的东西一无所有，对于执行这个运作模式的人还没有找到。麦当劳该如何办呢？

鉴于以前在其他国家运营的成功经验，麦当劳总部决定遵从老子“道生一，一生二，二生三，三生万物”的思想，先在中国地区招聘一个运营总裁，从这个运营总裁出发，再通过运营总裁来招聘其他所需要的人才，组建麦当劳销售团队。

于是，在麦当劳总部的努力之下，中国区的运营总裁应运而生，随后第一家中国区麦当劳的销售团队开始组建，慢慢地，越来越多的麦当劳分店落户中国各大城市，而麦当劳的销售团队也越来越庞大。这就是一种典型的利用目标来组建团队的案例。这对于企业内部也是适用的。比如说为了一个大的项目，企业内部的员工根据能力、项目的需要进行重组，从而达到完成项目的目的。

第二，首先提出一个目标，然后根据目标的要求对团队进行改善。同样以麦当劳为例，在麦当劳落户中国的时候，它就提出了一个“嚣张”的目标——做中国地区最好的快餐店。对于麦当劳销售团队来说，这是一个目标，也是一个明确的要求。为了达到这个目标，麦当劳的管理部门必须对销售团队进行改进。对于那些符合要求的，甚至做得比要求还好的团员，则给予留任晋升，而对于那些不符合要求、不能满足这个团队所需要的人，则进行淘汰。

所以，我们现在无论走进哪一家麦当劳的餐饮店，我们都能感受到优质服务带给我们的震撼。这种震撼的感觉来源于麦当劳最初的目标，也来源于麦当劳在目标指引下团队的努力。从麦当劳的成功当中，我们可以获得这样一个启示：一个正确的目标能组建一个正确的团队，也能打造一个优秀的团队。正如蒙古草原上，一个优秀的羚羊群能吸引一个饥饿的狼群，也能培养一个优秀的狼群一样。一个团队如果没有目标，那么也就失去了方向，更无所谓成功与否了。

团队的目标来自于团队的愿景，人因梦想而伟大，团队亦然。愿景是勾勒团队未来的一幅蓝图，是明日的美梦与机会。它告诉团队“将来会怎么样”。具有挑战性的愿景可能永远也无法实现，但它会激励团队成员勇往直前的斗志。

再重要的任务只能维系团队数日、数月的合作，而愿景则持续不断。好的愿景能振奋人心，启发智慧。但如果没有目标配合完成，愿景只能是一堆空话。目标是根据愿景制定的行动纲领，也是达成愿景的手段。

以上是任何一个团队组织、领导者在组建团队时所必须了解与明白的。

【狼性团队说】

正如猎物永远是狼群的目标一样。一个团队，要想得到好的生存与发展，就必须具备清晰、明确的团队目标。一旦失去或者没有，整个团队就会失去前进的方向、失去前进的动力。

确定猎物的优先顺序

旱獭、土拨鼠、羚羊、山羊、野马
都是我们想要的
但是我们的力量有限

我们只能选择最靠近我们的
最有机会成功的猎物
作为我们的目标
正如——
鱼和熊掌不可兼得一样
狼群必须做出选择
……

——【狼性宣言】

随着暴风雪的停止、太阳的露脸，红嘴狼知道难捱的冬季终于过去了。在温暖的南风吹拂整个草原的时候，红嘴狼带着自己的狼群爬上一个高高的山岗，在这里，它能俯瞰整个属于它的领地，包括熟悉的猎物的身影和惬意的太阳的温暖。

在过去的这个冬季里，因为暴风雪的肆虐，很多动物都没能捱过来，在最寒冷的季节里任凭自己的身体变得僵硬、冻成冰坨，然后成为别人的美餐，继续延续着别人的生命。而红嘴狼群因为找到了一个难得的背风的好地方，加上这里总是有羚羊等动物来觅食，所以红嘴狼群还不至于饿肚子，更不至于因为饥寒交迫而损失狼群。

现在春天来了，冰雪开始融化，嫩草开始偷偷地露出了头。一些食草性的动物也开始从南方迁往北方的草原，而原本躲藏在地底下的小动物也相继探出了脑袋，远远地看过去，草原上一片繁华的景象。虽然这里没有城市的霓虹灯，也没有车来车往，但是这里依然能看出其中的繁华和躁动。旱獭、土拨鼠、羚羊、野马等一群接着一群、一波接着一波，偶尔还有几个牧民骑着骏马挥舞着鞭子，赶着一群群的绵羊走过，漫山遍野的白色，红嘴狼看着熟悉极了，口水不自觉地往下流，但是它知道，这不是自己应该想的事情，自己的目标应该是羚羊、野马……

晒了整整一天的太阳，红嘴狼群充满了活力。就在准备启程回巢穴的时候，红嘴狼发出了一阵阵凄惨的嗥叫声，听到这种嗥叫，狼群停下了脚步，回头看着红嘴狼，似乎它们也不明白自己的领导为什么要发出这样的叫声。这种嗥叫既不是攻击的嗥叫声，也不是宣誓主权的嗥叫声，这到底意味着什么呢?

没等大家明白过来，红嘴狼带着自己的狼群开始向山岗下的平地走去。此刻，群狼才明白，头狼的这一声嗥叫是为下面的这些猎物奏响的，那是一种死亡的号角，意味着攻击马上就要开始了。

现在摆在红嘴狼群面前的猎物有很多：旱獭、土拨鼠、羚羊、山羊、野马，稍微远一点还有牧民的绵羊。那么，红嘴狼群会选择谁作为自己的猎物呢？或者说，捕获这些猎物的顺序又是什么样的呢？

其实，这些在红嘴狼的脑子中已经有了一个明确的答案：首先排除的就是牧民的羊群，因为它们虽然容易捕获，但是不好惹，一旦被人类发现了，那么它将会死无葬身之地。其次，排除的就是野马，毕竟它们的力量太大，一般不到万不得已，狼群不会拿它们开刀。而最为理想的捕猎对象就是羚羊和山羊。只是过了一个冬季，山羊的数量明显减少，而羚羊则似乎没有什么损耗。

或许很多人都觉得奇怪，为什么狼群不去捕获旱獭和土拨鼠呢？这样子不是更容易？

其实红嘴狼有着自己的考虑：

第一，过了一个冬季，旱獭和土拨鼠都掉了很多膘，可以用骨瘦如柴来形容，即便捕获了，也填不饱肚子。等过一段时间，长膘了再捕杀也不迟。

第二，土拨鼠和旱獭不像羚羊，会随时迁徙，它们就像狼群养在自己后花园的猎物一样，想什么时候捕杀就什么时候捕杀。而羚羊和山羊等猎物是随时都能走掉的，过了今天这个村，说不定就没有这个店了。

于是，红嘴狼最终将目标盯在羚羊身上，它指挥着自己的狼群慢慢地向羚羊群靠近，借着夜色的伪装，羚羊群中的一只羚羊很快成了红嘴狼群的美餐，惊慌失措地羚羊四处逃散，巨大的声响惊得附近的土拨鼠、旱獭纷纷发出“叽叽咕咕”的警报声，然后纷纷躲进自己的洞穴，一动不动。

事实证明，红嘴狼的分析是正确的。在很多猎物同时摆在面前的时候，捕猎是需要一个先后顺序的。其实这一点对于团队来说也是非常适用的。在设定了目标之后，管理者还需要为目标设定优先顺序。因为，任何一个组织都不可能同时实现多个目标，更不可能全部做好。因此，管理者必须设定目标的先后次序，然后集中力量做最重要的事。

如果想同时进行多个目标，工作人员必然发生混乱，弄不清到底该

做什么，结果会导致所有目标都无法实现。另一方面，团队的资源都是有限的，而真正有奉献精神、执著而努力的人也是不多见的。让他们忙于各式各样的事情而没有重点，会使他们最终变得平庸。同时，让员工兼任无关紧要的工作也会引起他们的不满并导致生产效率的下降。事实证明，把精力集中在主要目标上可以最有效地利用团队的资源。

当然，在很多个目标同时存在的时候，我们可以根据目标的重要性进行选择，可是当我们面对一个大目标的时候，我们该如何去选择哪些事情是该先做的，哪些事情是该后做的？有一个很好的办法，就是把大目标进行切分。我们纵观一些企业的大项目，之所以能获得如此空前的成功，和它们善于将目标进行切分是不可分割的。任何一个大成功是由无数小目标的累积换来的，每一个团队都是在达成无数的小目标之后，才实现他们伟大的梦想。在生活中，有许多团队因为目标过于远大，或理想太过崇高而放弃了。目标并未给这些团队的结果提供任何帮助。

对此，美国哈佛大学行为学家罗布提出了“小目标成功学”。他认为，有些团队误以为自己能一步登天，一下成为成大事者。实际上，这是不可能的。一是由于这些团队的能力并不够，二是由于成大事必须经过长久的磨练。因此，真正能成大事者善于“化整为零”，善于将自己的目标进行分割，从大处着眼，小处着手。简单一点说，就是在你的大目标中又设立几个“小目标”，以便可较快获得令人满意的成绩，能逐步完成“小目标”，心理上的压力也会随之减小，大目标总有一天会完成。

1984 年，在东京国际马拉松邀请赛中，名不见经传的日本选手山田本一出人意料地夺得了世界冠军。两年后，在意大利国际马拉松邀请赛上，山田本一又获得了冠军，很多人为此质疑。

当记者采访他时，他告诉了众人这样一个成功的秘诀：“我刚开始参加比赛时，总是把我的目标定在 40 多公里外终点线上的那面旗帜上，结果我跑到十几公里时就疲惫不堪了，我被前面那段遥远的路程给吓倒了。“后来，我改变了做法。每次比赛之前，我都要乘车把比赛的路线仔细地看一遍，并把沿线比较醒目的标志画下来，比如第一个标志是银行；第二个标志是一棵大树；第三个标志是一座红房子……这样一直画到赛程的终点。”

“比赛开始后，我就以百米的速度奋力向第一个目标冲去，等到达第一个目标后，我又以同样的速度向第二个目标冲去。40 多公里的赛程，就被我分解成这么几个小目标后轻松地跑完了。”

由此可见，红嘴狼是一条聪明的头狼，它善于对自己的猎物进行分门别类，而且能够确定在当前时刻以哪种猎物作为目标。试想，我们人类社会的团队领导人如果也能和红嘴狼一样，对自己团队的目标进行甄选，然后按照优先顺序一步一步去实现，那么，团队还有不成功的道理吗？

【狼性团队说】

无论是一个人还是一个团队，都可以有无数个目标。要想实现这些目标，必须制定一个合理的顺序，哪个优先、哪个次之……鱼和熊掌不可兼得，在众多的目标面前，我们必须作出我们的抉择。

狼群的责任与使命

狼
是责任和使命的代名词
只要还有一口气在
你都得承担责任
你都得完成你的使命
这是猎物之外
狼群获得生存的另一保障
……

——【狼性宣言】

整个冬天，红嘴狼群因为找到了一个好的过冬环境，靠着狼群的整体力量，顽强地活了下来，没有一条狼因为饥饿而死去或者出现衰弱的症状。这个狼群还是一如既往的有生命力，这种生命在春天到来的时刻表现得更加淋漓尽致，特别是年轻的母狼，更是用自己时而短促、时而悠长的嗥叫声来表达对春天的热爱。

短暂的春天过后，狼群中的两条母狼怀孕了。当然，这是头狼的孩子，也是红嘴狼当上头狼以来，第一次做了“准父亲”。每天夜幕时分，捕猎归来，头狼都会用自己的嗥叫声来表示自己心中的喜悦和对未来的憧憬。

对于头狼来说，它对整个狼群的责任和使命除了带领整个狼群捕猎，维持生存之外，还有一个更大的、更重要的责任便是：壮大整个狼群，把自己身上那种优秀的基因传递下去。要知道，一个狼群要想获得发展，头狼的责任重大。

头狼为了履行自己作为父亲的责任，几乎每时每刻都不离两条母狼的身边，即便外出捕猎，也是如此。它总是会要求狼群放慢速度，等待母狼跟上，然后再往前走。一旦捕获食物，红嘴狼总是让两条母狼先填饱肚子，然后它再和群狼一起享用美餐。有好几次，原来的头狼仗着自己的资格老，想要优先享用美餐，都被红嘴狼狠狠地惩罚了，甚至还有一次，红嘴狼差点就把它赶出狼群。要不是原来的头狼后来表示了臣服，红嘴狼一定会那么做的。因为它知道，在草原上生存，“势单力薄”是万万不行的，只有“狼多势众”，才能获得更多的领地、捕获更多、更大的猎物。任何不利于母狼和小狼成长的因素它都要剔除，即便这样会伤害狼群中的其它狼。

所以说，红嘴狼如此保护母狼其实也是为了整个狼群考虑。试想，这些小狼如果能够健康成长，到冬天的时候，就基本上具有捕猎能力了，到那个时候，红嘴狼群的力量又得到了壮大。

短短的几个月时间过去了，两条母狼在前后相隔一个星期的时间里分娩了，一条母狼生下来 3 条狼崽，而另外一条则生下了 4 条狼崽。红嘴狼群一下子增加了 7 个鲜活的生命。在两条母狼分娩的一个星期时间里，头狼日日夜夜守护在旁边，因为时值夏天，猎物比较多，头狼总是在巢穴的周边草原上进行围捕，这样一来，就不会花费太长的时间，将捕获的猎物在第一时间送到巢穴，供母狼享用，胖胖的旱獭、鲜活的土拨鼠，都是母狼爱吃的食物。

在母狼的身体恢复了之后，头狼重新对狼群作出了分配：留下两条成年狼照看狼崽，而母狼随狼群外出捕猎，这样，它们就能在第一时间获得食物，有了足够的奶水来喂养狼崽。

在头狼和狼群的照顾下，7 只小狼的个头已经和成年狼差不多了，为了让这些小狼尽快加入狼群的队伍，头狼决定让这些小狼参与捕猎，虽然它们捕获成功的可能性不大，但是，至少可以训练它们，让它们获得足够的经验。当然，在捕猎过程中，狼群还得保护它们的安全，以免受到其它动物或者狼群的攻击。

这就是狼群的责任和使命。当小狼长到这个年纪的时候，头狼的责任基本上已经结束，接下来就交给群狼去保护。这就像接力赛一样，头狼把小狼的安全交给了狼群。现在狼群不仅仅要捕获猎物，维持狼群的生存，还要保护小狼的安全，让狼群获得发展。只有这样，狼群的目标——获得越来越多的地盘、捕获越来越多的猎物才能成为现实。

从红嘴狼群的身上，我们可以发现一点：猎物是狼群的目标，在这之后还隐藏着每条狼的责任和使命，只有整个狼群都承担起自己的责任、完成自己的使命，狼群的目标才有可能获得实现。这是一个环环相扣的过程，缺了任何一环都不行。对于狼群是如此，对于我们的团队建设也是如此。

我们知道，因为团队的目标再远大、崇高，但目标只是团队整体的一个发展方向，而真正解决这一问题的却在于我们怎么去做。直接决定我们做的力度和效果，却是由团队成员所愿意承担的责任与使命感的强弱所决定的。

余世维老师曾经讲过一个真实的故事，这个故事发生在日本东京成田机场附近的一个超市之中：

有一天，我在日航公司工作时曾到东京成田机场受训，有一次经过附近的一个超市，买了一盒杏仁豆腐，回去一吃，坏了。第二天我经过那里，进去跟营业员小姐说，我昨天买的杏仁豆腐是坏的。

“坏的，有没有带来？”那个小姐问。我说：“那又不值什么钱，我把它扔了，没关系，不要误会，我不是来要钱的。”“不不不，这是大事，你等一下。”

她说完就咚咚咚地跑到楼上，没多久，又咚咚咚地跑了下来，旁边还有一个男士，手里拎着一个袋子，走到我面前说：“先生，这里有5盒杏仁豆腐，保证是新鲜的，您拿去吃，这是您昨天买杏仁豆腐的钱，我们退回给您。我们店里卖出这样子的豆腐是我们的羞耻，但是我们已经打了电话，供应商下个礼拜要来开会，我们要研究一下为什么会发生这种事情。先生，如果下个礼拜一您还经过这里，您有兴趣的话，可以来

找我，我会告诉您我们哪里犯了错误。”

这以后，我经过那里时都会去买东西。为什么？我相信它，我这辈子在那里买的任何东西，他们都会负起责任。其实，当时那个小姐不是卖给我东西的那位，那个店长也不是，可他们没有说：这个不是我经手的，这是供应商的错，这是昨天那个小姐的错，这是你自己的错。而他们只说，这是“我们”的错。

这意味着，她今天接到这样的投诉并没有想着要推卸责任、也没想着去责怪他人，而是承担起了责任，完成了自己的使命——解决客户的问题。她作为团队中的一员，不是以“个人”的形式出现的，而是以团队的“我们”出现的，在她身上，我们不仅仅看到了团队竞争的可贵，也看到了团队成员承担责任、完成使命的可贵。甚至我们可以这样说，只有具备这种精神的团队，才能真正获得成功，才能走向发展。

总的来说，团队中每个成员所作的贡献各不相同，但是，他们都为着一个共同的目标作贡献。他们的努力必须全都朝着同一方向，他们的贡献都必须融成一体，产生出一种整体的业绩——没有隔阂，没有冲突，没有不必要的重复劳动。

团队目标是一个有意识地选择并能表达出来的方向，它运用团队成员的才能和能力，促进组织的发展，使团队成员有一种成就感。因此，团队目标表明了团队存在的理由，能够为团队运行过程中的决策提供参照物，同时能成为判断团队进步的可行标准，而且为团队成员提供一个合作和共担责任的焦点。

团队目标能为组织做出怎样的贡献，团队成员在未来应重点关注什么事情，团队成员能够从团队中得到什么，以及团队成员个人的特长是否在团队目标达成过程中得到有利发挥等，通过这些广泛地获取成员对团队目标的相关信息。

【狼性团队说】

一个团队，要想在竞争如此激烈的环境中生存，除了要有明确的目标之外，团队的成员还得善于承担自己的责任和完成自己的使命。对于成员来说，这是实现自我价值的过程，对于团队来说，这则是一个走向成功的过程。

第三章

具备优秀群狼的特质

一个狼群的优秀，不仅仅在于这个狼群的头狼是优秀的，而且还在于这个狼群的每一条狼都是优秀的，它是一群优秀狼的集合体。一支卓越的团队除了该团队的组织领导者本身优秀之外，其团队的成员也都是优秀的。试想，像这么多的优秀人才聚集在一起，就一定能组成一支战无不胜的超级团队。

群狼是狼群的根

一个优秀的狼群

由一群优秀的狼组成

只有群狼优秀

狼群才会优秀

失去群狼

狼群也就失去了意义

……

——【狼性宣言】

在7条小狼还是狼崽的时候，红嘴狼对它们照顾得可谓无微不至，甚至这种照顾还波及到它们的母亲——两条母狼。可是等这些狼崽长大之后，头狼对它们完全又是另外一种态度，每次捕猎，红嘴狼总是把它们安排在最危险、最艰苦的岗位上，比如说充当最后的猎手、追寻猎物的“侦察兵”，要知道，要完成这些任务不仅要付出比一般狼更多的努力，甚至有时候还有生命危险，特别是在捕获诸如野马这样的猎物时，一个不小心被野马蹄踢到，非死即伤。

既然红嘴狼对小狼以前是关怀备至，为什么现在又是这样一种态度呢？其实红嘴狼的理由很简单：给小狼锻炼的机会，把它们训练成一群最优秀的狼。因为只有这样，狼群的实力才能获得长远的发展，并且对于小狼自身来说，这也是活命的技能，只有具备优秀的技能，才能在困苦的情况下获得生存的机会。这是为小狼着想，也是在为整个狼群着想。

就这样，在红嘴狼的训练下，7只小狼的捕猎技能一天比一天好，甚至有的时候，原先的狼群不用出击，光靠这7只小狼就能捕获一只羚羊了。看到小狼的成长，红嘴狼心里别提有多高兴了。但是它并没有把这种高兴表现出来，而只是在夜晚嗥叫的时候，声音拉得更长、嗓音更加浑厚了。这是一种力量的宣言，也是一种实力的展示。

红嘴狼群自从有了7只小狼的加入之后，实力大大增强。但是另外一个问题又来了：实力增强，对猎物需要量也在增加。可是现有的领地上又没有这么多的猎物，那么该怎么办呢？红嘴狼经过一番考虑之后，带领着自己的狼群勇敢地向着隔壁狼群的领地上冲击，并且在它们的领地上涂上了自己的气味，还不断发出低沉而又极具穿透力的嗥叫声，意在抢夺对方的地盘，并且是势在必得。

毫无疑问，两个狼群的一场“火拼”在所难免。不过，对方狼群是一个比较小的狼群，仅仅只有8条成年狼，而此时的红嘴狼群已经有19条成年狼，数量足足是对方的两倍多。可是红嘴狼有意让自己的小狼见见世面，一阵短促的嗥叫之后，7只小狼站到了对方狼群的面前，双方就这么势均力敌地对峙着。

这种对峙持续了10分钟之后，对方的头狼发出了攻击的命令。对方的8条成年狼一起扑了过来，而红嘴狼这边的7条小狼也不是吃素的，嗷嗷叫着迎了上去，顿时一阵撕咬，嗥叫之声不断。血光、眼光、撕咬滚打的身影混合在一起，很是热闹，周围的鸟群纷纷起飞，避开这场厮杀。

毕竟，7条小狼终究还是因为力量小，加上经验不是很足，渐渐地败下阵来。眼看就要被打败，埋伏在周围的另外12条成年狼又发起了第二波的冲锋，把对方的8条狼重重包围在其中，并且一起发出足以动摇对方军心的嗥叫声，深邃的眼神中似乎喷出了仇恨的火焰。小狼一见自己的援兵已到，便开始了反攻。而此时对方的头狼也发现情形不对，再这么斗下去，自己狼群非吃亏不可。于是果断发出了“撤退”的命令，败阵而逃。红嘴狼群乘胜追击，一下子把对方赶出5公里之远。

就这样，红嘴狼群霸占了对方方圆5公里的地盘，在这个地盘上，羚羊、山羊非常多，食物可谓相当充足，更让红嘴狼没有想到的是，这里还有一个天然的洞穴，足足可以容纳30条狼过冬。最后，红嘴狼决定，把自己的家搬到这里，这样既可以完全占有这块地盘，还能更加便捷地捕捉猎物。

我们从红嘴狼的行为当中会发现：红嘴狼一直在训练自己的小狼。它什么要这么做呢？理由就是打造自己的小狼，让它们真正成为这个狼群中的一份子。毕竟，群狼是狼群的根，只有群狼的素质提高了，那么狼群的力量才会增加。这一点，在企业团队之中也是适用的，团队成员是团队的根，只有打造好每一位团员，那么这个团队才能真正成为一个优秀的团队。

在现代企业中，很多领导者都没有搞清楚团队的真正意义，他们甚至认为，一个团队其实就是一个群体，为了某种目的而组合起来的群体。那么事实是不是这样呢？很显然不是，群体和团队之间是有区别的。

组建团队，并不是把一群人简单的放在一起就行。从德国科学家瑞格尔曼的拉绳试验中我们就能认识到这一点：

瑞格尔曼教授把参加试验的人分成四组，每组人数分别是一人、两人、三人和八人。他要求各组用尽全力拉绳，同时用敏感的测力器测量拉力。测量的结果出人意料：两人一组的拉力总和只有单独拉绳时的95%；三人一组的拉力总和为单独拉绳时的85%；而八人组的拉力总和只达到单独拉绳时的49%。

我们组建团队的目的就是要发挥团队的整体力量，使得团队的整体大于各部分之和。而瑞格尔曼德拉绳试验却告诉了我们另外一个事实：便是 $1+1<2$，即整体小于各个部分之和。这无疑是对团队的组织领导者发出了一个挑战，告诉团队组织管理者组建一支优秀、高效率的团队并不是只是将一群人组织在一起就够了。

那么，团队和群体之间有什么区别呢？区别就在于有没有团队精神。

在英文中群体为 Group；而团队则是 Team。团队不同于群体，因为群体可以因为事项而聚集在一起，而团队不仅有共同的目标，而且渗透着一种团队精神。

那么，什么是团队呢？

团队有点像孔子所说的“君子不器”，难以用具体的词语来形容，可以因势而变、随器成行，但是总体来说一个优秀的团队有以下几个特点：

（1）拥有一个共同的目标，能用最理想的状态来面对和解决所遇到的问题和困难。

（2）团队中的每个成员都知道自己的位置和作用，能把个人目标与团队共同目标合二为一。

（3）团队的成员除了拥有应具备的专业知识外，还应拥有优秀的团队合作能力。

（4）团队精神发生作用。

虽说将一群人聚拢到一起并不怎么困难，但是这样去做只是组成了一个群体，并不能成为真正的团队。那么，怎样才能将这个“群体”转变成具有高度的竞争力、战斗力的团队呢？

最直接的做法就是营造一个专属于这个团队的团队精神，唯有如此，才能让群体中的人对这个团体产生强烈的认同感和责任感，才能让这些人成为一个团队。这样做会给这个团队带来以下好处：

（1）增进工作士气与工作动机。

（2）减少人员流动率。

（3）增加生产力。

（4）提升工作满足感。

由此可见，团队的精神是一个团队的灵魂，一个拥有团队精神的团队就拥有核心竞争力，就具备了在现代市场竞争中无往不胜的战略优势。甚至可以弥补诸如资金、技术等方面的不足。

微软向世界正式推出 Windows95 产品时，进行了一场声势浩大的市场推广活动，它整合了营销沟通中的各个层面，包括：公共关系、名人效应、事件行销、广告和零售刺激。所有的这些沟通活动展示了整个营销沟通的优秀力量，同时也体现了微软营销部门和所有参与这次活动的其他公司的统一团队精神。这场令人叹为观止的营销传播活动在全球持续进行，前后历时 24 个小时，活动费用超过二亿美元。整个营销活动从新西兰首都惠灵顿开始，首先力推第一张 Windows95 软件盘。随后，活动向西移至澳大利亚，一个巨大的 Windows95 箱柜被拖船运送到悉尼港。这次营销活动中的几个亮点值得许多营销人士研究和借鉴。其中，最令人惊奇的是：微软在波兰做宣传时，租了一艘全封闭的潜水艇装载记者。微软用全封闭没有窗户的潜水艇作宣传，目的很明显，它暗示着“如果人类生活在没有窗户即 Windows 的世界上，生活将会是怎么样？”

另外一个亮点是，微软在西班牙举办了一场与微软总裁比尔·盖茨当面对话的会议。此外，微软公司在美国总部举办的一场 Windows95 嘉年华会也值得众多业内人士推崇。这场嘉年华会通过互联网向全世界现场直播。当晚，嘉年华会进行到最后时刻，微软总裁比尔·盖茨和美国著名电视节目“今晚秀”（Tonight Show）的主持人杰·雷诺一起登场亮相，把这场大型的市场营销传播活动推向顶峰。

这么一场声势浩大的市场营销传播活动需要投入大量的物力、财力和人力，一个团结、步骤协调一致的团队在其中所起的作用显而易见。120 多家公司受雇于微软，在这次大型的市场推广活动中出谋献策，制定有效策略并执行，为这次活动的成功作出了巨大的贡献。几千人组成的团队参与了这场新产品推向世界的市场营销活动。组成人员中包括微软的高层管理人员、公司外部的软件销售商和当地的零售商。一个由 60 人组成的公司营销团队专门从事整个活动的协调工作。每一个微软产品部门则专门负责制订和执行自己的促销计划。当地的零售商为了配合“午夜疯狂”推广活动，专门在午夜过后开店，开店时间持续 95 分钟（暗示 Windows95），吸引了众多媒体的注意力。

可以说没有微软各个部门、各个层次的员工协作，就没有 Windows95 成功的市场推广，也没有微软的成功。

从红嘴狼群和微软的实例中，我们已经知道了要想打造一个超级的团队，就必须真正地挑选到适合于团队的人选。因此，我们在组建团队时，也应尽量将最优秀的人才汇集到自己的团队之中，只有这样，团队才能取得成功，才能打败自己的竞争对手。

【狼性团队说】

一个团队，团队的领导人是重要的，而团队的成员也同样重要。因为只有优秀的团队成员才能组成一个优秀的团队，就如同只有优秀的群狼才能组成一个优秀的狼群一样。

明确狼群的意义

对于任何一条狼来说
狼群不仅仅意味着伙伴
更意味着生存
失去狼群的狼
出路只有一条——
死亡
这就是狼群的意义
……

——【狼性宣言】

就在红嘴狼群走向辉煌的时候，红嘴狼最不愿意看到的情况发生了：原先的头狼带着其中的两条成年狼离开了红嘴狼群。原本有 19 条成年狼的红嘴狼群一下子失去了 3 员“得力干将”，现在的狼群只有 16 条成年狼，虽然数量上并没有减少多少，但是在捕猎的时候，这种力量缺失的情况就很明显了。因为原头狼带走的两条狼在平常都是担任“猎手”职责的狼，即，它们是主要的猎杀者，而其它狼绝大部分时候都是作为围捕者的身份出现的。现在失去了猎手，围捕的力量再强大，捕猎也会失败。

失去了这几条狼之后，红嘴狼群在第一次捕猎时，就遭遇了挫折，眼看一只羚羊钻入了狼群布好的口袋，却因为两个“猎手”没有准确而迅速地出击，最终功败垂成，空手而归。当天晚上，红嘴狼向着天空发出了一种古怪的嗥叫，低沉之中又有点高亢，急促之中又带着一点点的忧伤，似乎是在感叹些什么，又似乎是在呼唤三条狼归队。可是空旷的天空没有给它任何的答案，周围也没有传来呼应的叫声。

看着头狼的样子，一条母狼主动来到头狼的身边，舔舔它的毛发，

似乎是在安慰头狼，也似乎是在告诉头狼一些悄悄话。不久之后，头狼从山岗上下来，回到巢穴，躺下休息。今天捕猎没有成功，大家只有饿肚子了，好在这种日子并不少见，狼群便安静了下来。

就这样，狼群在缺失“猎手”的情况下艰难地度过了一个星期。此时，狼群已经渐渐习惯了没有“猎手”的日子，新任的两个“猎手”也渐渐适应自己的岗位，捕猎成功率提升了不少。正当狼群认为事情就此过去的时候，事情又出现了转机。

那天早上头狼从外面捕猎归来的时候却猛然间发现，失踪数日的三条狼出现了，有两条狼正趴在巢穴门口，等待着头狼归来。见到头狼，两条成年狼立刻迎了上去，对着头狼摇尾乞怜，又是匍匐前进，又是舔舐头狼的毛发，似乎在祈求头狼的原谅，让它们再次回到狼群中间。最终红嘴狼“沉默”了，这代表它同意了两条狼的要求。而那条原来的头狼则在远远的地方看着这一切，似乎它明白这个狼群中已经没有了自己的位置，它把两条成年狼带回来，已经完成了任务。不过它还是没有放弃最后的希望，也学着两条成年狼一样，对头狼献了殷勤。

可是明显头狼对它有着一肚子的意见，并且对着它发出了恐吓的声音，意在赶它走。显然，红嘴狼已经把它赶出了狼群。因为红嘴狼知道，一旦狼群中出现了这种情况而不及时作出处理、对“肇事”之狼作出惩罚，那么就会有其它狼效仿，这个狼群随时都有解散的危险。

无奈之中，原头狼离开了红嘴狼群。即便三步一回头，红嘴狼也没有产生怜悯之心，而是一扭头，回到了自己的巢穴。看着两条刚刚归来的狼狼吞虎咽地吃着食物，它就知道，这几天它们的日子并不好过，也正是因为如此，它们知道狼群存在的意义，便萌发了回到狼群的想法。

从红嘴狼群的这次“事故”之中，我们可以获得这样一个启发：团队成员只有真正明白团队存在的意义，他们才会更加致力于团队的发展、才会更加忠于这个团队。从某种意义上来说，这是组建一个团队的基础，也是团队如何选取团队成员的基础。红嘴狼群之所以能在捕猎过程中发挥出令人震惊的团队力量，就是在于红嘴狼让群狼明白了狼群存在的意义。

现今，我们或许常常会听到一些团队的领导者，他们总是抱怨自己的团队成员没有能力为团队的整体目标的实现做出任何有益的推动作用。

他们将所有的问题都归结到团队的成员身上，是不是真的如此呢？其实，真正的问题并非是在团队成员身上，而是在团队的领导者本身。试想一下，既然觉得自己团队的成员不够理想，并没有能力促进团队的进步与发展，这些成员又是谁让他们加入这一团队的呢？

在回答这个问题的时候，不管我们的理由与答案有多少，是不是合理，但是有一点是任何一个团队的领导者必须要牢记在心的，那就是所组建的这个团队的整体目标是什么？它为什么要存在？

这是一个团队之所以成立的基础，也是这个团队是否能够真正发展壮大的根源，也是任何一个团队挑选成员的第一出发点。如果团队的领导者不能对此有着清醒的认知，也就会在挑选团队成员的过程中缺乏一定的标准与依据，也就会出现像上面一些团队的领导者所埋怨的语言。

如果团队和团员是两个完全独立的个体，两者之间没有任何的交融，那么这样的团队毫无疑问不是一个优秀的团队，而只能是一群“乌合之众”。

团员和团队融合得越好，团队的力量也就越大，团队也就越优秀。作为团队领导者，要做的就是想方设法把团员和团队融合在一起，让团员知道团队追求的目标和存在意义。

【狼性团队说】

对于企业团队中的任何一个成员来说，个人是很难获得成功的。只有依靠团队的整体力量，才有可能打败对手，到达胜利的彼岸。对于个人来说，这就是团队的意义：帮助自己获得成功。

了解优秀之狼的标准

我是一条狼
一条优秀的狼
在我的身上

有着优秀之狼的特性——

敏锐、凶残、耐力、责任……

同样，这也就是优秀的标准

……

——【狼性宣言】

离开红嘴狼群的那条头狼在经过一段时间的流浪之后，发现了一个比较小的狼群，这个狼群就在红嘴狼群领地的东北方向，是最初这条头狼的领地，可是自从头狼的位置被红嘴狼夺取之后，这条头狼已经很久没有回到这片领地了。现在重新回到这片土地，大有一种“物是人非”之感。

可是这条狼现在没有时间去感伤，它现在最要紧的事情就是抓获一个猎物填报自己的肚子，自从离开红嘴狼群之后，它就没有填饱过肚子，除了中间捕获过一只旱獭之外，它已经整整一个星期没有进食了，如果再抓获不了猎物，自己就真的只有饿死了。

就在它肚子饿得咕咕叫的时候，它发现前面有一只肥嘟嘟的土拨鼠，虽然这只土拨鼠也无法喂饱自己，但是有总比没有好。借着草丛的掩护，这条狼慢慢地靠了上去。其实现在已经进入了冬季，草已经枯萎，狼的身躯并不容易掩护，无奈之下，它只能从很远的地方就开始发动攻击。土拨鼠为了逃避这条狼的追捕，一会儿往东跑，一会儿又往西跑，路线呈明显的“S”型，要是在往常，它的追捕路线也肯定会是“S”型。可是今天，它已经没有多少力气了，只有在最短的时间和路程内捕获猎物，把它吞下，才能活下去。于是它经过判断，这只土拨鼠的巢穴就在正前方，于是它没有和土拨鼠绕“S”型，而是直线追踪。事实证明，它的判断是正确的，不一会儿的功夫，那只土拨鼠就成了它的美餐。

正当它准备好好休息一番的时候，它闻到了一股气味，此刻它才意识到，附近的狼群巡逻到这里了，如果自己不赶快逃离，将会有灭顶之灾。可是，太迟了，附近的狼群已经把它团团围在了中间。不过让它感到惊讶的是，头狼并没有指挥自己的狼群向它攻击，而是发出了一阵长长的、绵绵的嗥叫声。它知道，这是一种友好的意思，难道头狼在邀请自己加入这个狼群？

它没有犹豫，站了起来，试探性地走向了头狼，舔了舔对方的毛发，表示自己的顺从。头狼没有咬它，而是一转头，带着狼群就走了，这意味着头狼收留了它。这条狼成功了，它已经找到了新家，并且是在曾经属于自己的领地上。从此，它将不再孤单，不再饿肚子……说不定，还有重新当上头狼的希望。

或许很多人都不知道，这个小狼群的头狼为什么要收留这条流浪的狼。其实很简单，在这条流浪狼猎捕土拨鼠的时候，头狼就已经发现了它，并且知道它是一个不错的“猎手”，而自己的狼群正是缺少这样的“猎手”，于是就动了收留的念头。这样，一个有心、一个有意，两者一拍即合。

从红嘴狼群原先的头狼的经历中我们发现：一个人，只要你真的具有本事，无论在什么地方，都能得到别人的青睐。也就是说，只要你是一条优秀的狼，无论在哪一个狼群，都能找到自己的位置，实现自己的价值。

那么，什么样的狼才是优秀的狼，什么样的团员是优秀的团员呢？有以下几个标准，我们不妨来参考一下：

1. 清楚且充分了解团队目标和愿景

成功的领导者往往都主张以成果为导向的团队合作，目标在于获得非凡的成就。他们对于自己和群体的目标，永远十分清楚，并且深知在描绘目标和愿景的过程中，让每位团员共同参与的重要性。因此，好的领导者会向他的追随者指出明确的方向，他经常和他的成员一起确立团队的目标。并竭尽所能设法使每个人都清楚地了解、认同，进而获得他们的承诺、坚持和献身于共同目标之上。因为，当团队的目标和愿景并非由领导者一个人决定，而是由组织内的成员共同合作产生时，就可以使所有的成员有“所有权”的感觉，大家从心里认定：这是“我们的”目标和愿景。

2. 明白自己的角色、责任和任务

优秀团队的每一位伙伴都清晰地了解个人所扮演的角色是什么，并知道个人的行动对目标的达成会产生什么样的贡献。他们不会刻意逃避责任，不会推诿分内之事，知道在团体中该做些什么。大家在分工共事

之际，非常容易建立起彼此的信任和依赖。大伙儿都觉得自己在团队的成败荣辱中，“我”占着非常重要的分量。同时，彼此间也都知道别人对他的要求，并且避免发生角色冲突或重叠的现象。

3. 积极参与工作的决策

现在有数不清的组织风行“参与管理”。领导者真的希望做事有成效，就会倾向参与式领导，他们相信这种做法能够确实满足“有参与就受到尊重”的人性心理。成功团队的成员身上总是散发出挡不住的参与狂热，他们相当积极和主动，一遇到机会就参与。

玫琳凯化妆品公司创办人玫琳凯·艾施（Mary Kay Ash）说过：“一位有效率的经理人会在计划的构思阶段时，就让部属参与其事。我认为让员工参与对他们有直接影响的决策是很重要的，所以，我总是愿意甘冒时间损失的风险。如果你希望部属全然支持你，你就必须让他们参与，越早越好。”通过参与的成员永远会支持他们参与的事物，这时候团队所汇总出来的力量绝对是无法想像的。

4. 真正注意倾听彼此的建议

国际知名的管理顾问肯尼斯·布兰查（Kenneth Blanchard）在其设计的高绩效团队评分法中指出：成员会积极主动倾听别人的意见，不同的意见和观点会受到重视。有位团队负责人说：“我努力塑造成员们相互尊重、倾听其他伙伴表达意见的文化。在我的单位里，我拥有一群心胸开放的伙伴，他们都真心愿意知道其他的伙伴的想法。他们展现出其他单位无法相提并论的倾听风度和技巧，真是令人兴奋不已！”

5. 相互信赖、支持，士气高昂

真心的相互依赖、支持是团队合作的温床。李克特曾花了好几年的时间深入研究参与式组织，他发现参与式组织的一项特质：管理阶层信任员工，员工也相信管理者，信心和信任在组织上下到处可见。近年来，我发现众多的获胜团队，都全力研究如何培养上下级间的信任感，并使组织保持旺盛的土气。他们常常表现出 4 种独特的行为特质：

（1）领导人常向他的伙伴灌输强烈的使命感及共有的价值观，并且不断强化同舟共济，相互扶持的观念。

（2）他们鼓励遵守承诺，信用第一。

（3）他们依赖伙伴，并把伙伴的培养与激励视为最优先的事。

（4）他们鼓励包容异己，因为获胜要靠大家协调、互补、合作。

这也就是说，任何一个人，只有同时满足以上五个条件，才能成为一个优秀的人。如果缺失其中任何一点，都不能算在优秀的行列，只能是良好或者及格。

【狼性团队说】

对于团队领导者来说，要想选择一个优秀的团员，就必须明白什么样的团员才是优秀的。这就要求领导者明白优秀的标准。对于任何一个团队来说，这个标准都是不一样的，但是不外乎责任、能力、执行、忠诚等几点。

优中选优，严格甄选

生活很残酷
生命很挑剔
它们总是留下优秀的
淘汰差劲的
这是狼群的悲哀
也是狼群的幸运
只有生命对狼群严格甄选
狼群才会变得越来越优秀
……

——【狼性宣言】

因为红嘴狼群此时的队伍中已经有了18条成年狼，要想组建一个专门的猎杀队伍已经变得轻而易举了，随意派出几条成年狼都基本上能完成任务。可是红嘴狼并没有这样做，而是通过自己的观察，它发现了这些成年狼身上很多不为人知的细节，通过对这些细节的观察，红嘴狼很

快知道它们分别适合做什么事情、适合在狼群中扮演什么样的角色。

红嘴狼之所以要这么做，目的非常明确，它要组建“超级无敌”的猎杀团队。因为冬天马上就要来了，现在不对自己的团队进行重新组合，很可能会不适应冬天的猎杀，那样很可能会影响狼群的发展，甚至很有可能会因为缺乏食物而饿死。

那么，红嘴狼所要的团队是一个什么样的团队呢？这个团队的目的非常明确：在冬季来临的时候，能够猎取足够多的食物来供给狼群，当然，这个团队主要猎取的对象是大型的猎物，比如说羚羊群、野马群、野牛群。只要获得一次成功，整个狼群就能度过一个星期。而剩下的狼群则主要猎取一些小动物，只要每天都能获得一点食物，整个狼群就不至于饿死。红嘴狼的这种想法无非就是给狼群上了双保险，这种想法无疑是好的。

可是另一个问题又出来了：什么样的狼才能入选“超级无敌”的猎杀团队之中呢？换句话说，这个“超级无敌”猎杀团队需要什么样的狼呢？其实，这个狼群和普通的狼群一样，主要需要二种狼组成：第一，埋伏猎杀者。第二，围捕冲击者。如果按照一般狼群的要求，红嘴狼群中的这些狼都符合要求，可是红嘴狼需要的是更加完美的、更加优秀的狼群，所以它必须对群狼进行筛选，优中选优。当然，这种优秀并不是要求这些狼达到完美，而是在某一方面优秀，比如说埋伏猎杀之狼善于埋伏，也善于猎杀，而不需要有完美的围捕技术。同样的道理，负责围捕冲击的狼只需要速度快，善于嗥叫、对猎物产生威慑，而不需要有很好的猎杀技术。只要这两种狼进行完美的配合，那么，红嘴狼的这个团队无疑是最厉害的。

这一点，我们在组建团队的时候也是可以借鉴的。不要一说到优秀，就想到完美，只要团队成员中有一项达到顶尖水平，那么，他对于团队来说就是优秀的，可以入选的。如果你还不明白其中的道理，不妨来看看下面这个故事：

中世纪欧洲盛行探险，无论是贵族和平民都热衷于此。当时，英国的某座城市有两个贵族青年，他们受到此种风潮的影响，有了这种探险的冲动，可是一直没有付诸实际行动，因为他们还有一个问题没有达成共识，那就是应该寻找一些什么样的人组建这支探险队。

有一个认为，应当选择当地力气最大、反应灵敏的人，理由是因为探险中充满了危机，如果团队中有这样的人必定能化险为夷。

另一个则认为，并不全部需要像这样的人，在他们中间中最好有性格差异和特长不一样的人。

最终他们谁也没能说服对方，各自按着自己的想法组建了不同的队伍出发了。

这两个探险队伍中，一支全部由身形高大、勇武有力的人组成。另一支队伍却显得十分的杂乱，什么样的人都有，更令人奇怪的是中间还有一个马戏团的小丑。

看到这两支探险队伍，所有的人都认为那支由不同类型的人组成的队伍用不了多久就会灰溜溜转回来。然而事实上，回来的竟然是那支清一色由壮汉组成的队伍。当他们看到这支队伍后，第一个念头便是另外一支队伍可能出现了意外。

时间在慢慢的消逝，几年后，那支被人们认为遭遇到不幸的队伍竟然回来了，更让他们感到惊奇的是，这支队伍竟然到达了他们的目的地。

这到底是怎么回事呢？为什么一支精锐的队伍会在半途中无功而返，另外 支看起来毫不起眼的队伍却获得了成功。人们的心中充满了好奇，询问那位到达目的地的贵族青年。

“我只是让不同的人做不同的事情，并且让他们各自发挥自己的特长去帮助对方，让整个探险过程就像是一次愉快的旅行。”那个年轻的贵族说道。

从上面的故事中我们知道，挑选好优秀的团队成员是管理好团队的前提条件，决定团队是否真正具有竞争力，并不是在于团队成员的整体技能有多强，而是在于团队成员之间是否能够默契地配合和互补，形成一个行动统一的整体。

那么一个优秀的团队，又需要哪些优秀的团队成员呢？马里帝兹·贝尔宾博士将团队中的主要角色归纳为九种。下面便是这九种主要角色及其特点。

1. 播种者

这种人非常聪明，并且思维活跃，在团队之中充当思考者的角色，其特长在于提出新的想法及解决困难问题。他们撒下种子，由团队其余

的成员负责培育，让种子成长并结出甜美的果实。播种者是团队中充满想法的人，但这并不是指其他成员没有自己的想法，而是播种者能以前卫、充满想象力及横向的角度思考。播种者倾向在激发想象力的想法上花费大量时间，却往往忽略了团队的需要与目标。所以他们并不是将这些想法付诸行动的最佳人选，他们很快就对这个构想失去兴趣，而且由于他们关注的是主要问题而非细节，因此容易错过一些细节，并犯下无心之过。

播种者通常喜欢独立工作，他们相当个人主义，也不拘泥于传统，一般不喜欢交际，不太容易与人相处。对于批评与赞美相当敏感，较不重视其它人的想法，也不擅长与观念相左的人沟通，他们期望其它人能配合自己而改变。这也就是说，如果一个团队里有太多播种者，团队生产力会非常低下，因为他们十分执着于与别人一较高下，并且坚持己见，无法接受别人的提议。

2. 资源调查者

资源调查者虽然同样充满创造力，但是并不像播种者一样擅于提出新想法，他们比较懂得运用某人所提供的原料并加以发挥。而在一般情况下，他们获得原料的人选就是播种者。他们个性随和、外向并且充满好奇心，通常人缘非常好，像处事机敏的外交官或协调者，也能独立思考，他们正面且积极的天性，对团队士气与工作动机的鼓舞可能有相当的影响力。

另外，资源调查者留意团队外的一切，与团队外的人也保持相当的联系，他们能很快地发现新机会，也常在办公室外或透过电话搜寻、洽谈最划算的交易，透过这些方法，能提高团队其他成员的工作热忱，这正是最重要的地方：让团队免于停滞或失去活力。

虽然资源调查者通常是引发工作热忱的人，但他们非常倚赖其它人的鼓舞，若没有得到其他成员的正面回馈，热情很快就会消散，一旦某个专案已在进行中，他们也会对它失去兴趣，并且忽略了后续的工作。

3. 协调者

协调者高度遵守纪律及擅长统御，他们天生倾向专注于一个特定目标上，让整体团队能朝共同目标迈进。他们能营造团队内部的凝聚力，通常会受到其他成员的尊重。

协调者充满自信，通常有权威气质，擅长授权与沟通，并且擅于发掘一个人的长处和优点，并能将对方的长处和优点运用到对整个团队有益的地方。因此，协调者通常是规范工作角色及内容的人，自然也常成为团队的管理者，即使他们不能担任领导者，也是团队中的重要核心人物。

协调者聪明有见识，在心理上也很成熟。他们并不比其他成员聪明，也不更具创造力，他们的长处在于挖掘别人的技能并运用在达到团队整体目标的事物上；他们能整合一群才能和个性各异的人员，凝聚他们对团队的认同，并描绘团队的共同目标。

4. 塑形者

他们是充满活力并容易紧张不安，非常外向、冲动而缺乏耐性的一群人，通常相当急躁，甚至有时在偏执边缘；喜欢寻求和接受挑战，对事情的结果十分在意。他们要看到成果，也会要求他人展现成果，这可能导致争执，但并不会持久，不需多久，他们就会把这些不快抛到九霄云外去了。

他们能将团队的整体目标具体化。在团队会议针对某一问题讨论时，他们总会寻找模式，并试图将众人的想法、目标以及任务整合成一个可行的计划，接着热切促使大家做出决定并采取行动。

塑形者干劲十足，能成就事业，因此，他们通常是天生的团队领导者，虽说他们表现得高度自信，不过在有些时候他们也有许多只有在见到成果才能消除的自我怀疑；在他们身上还有另外一种特质，就是在困难出现的时候，他们往往会有很好的表现，因为他们能克服问题且勇往直前；不在意别人的质疑，也愿意做出可能令某些人不满的决定。

协调者与塑形者在团队中所扮演的同样是领导者的角色，但是因为他们性格方面的原因，风格却迥然不同。由于协调者和塑形者的管理风格相差很多，一旦若两者所处的地位相当有可能会引起冲突。但是塑形者通常需要在协调者的领导下做事，因为他们需要认同，而协调者恰好能满足他们的这种需求。

5. 监控评估者

团队中的这种角色，他们大多是聪明、稳定且内向，个性单调乏

味，甚至可以说是冷漠的人。他们的长处并不是提供想法，而是清晰、冷静地分析其他人的想法，他们会评估所有的好处与坏处，是敏锐的裁判，并且很少会出现错误的决定，他们通常能让团队免于采取错误的行动。

监控评估者是客观的思考者，他们会从容做出结论，也不会由于发现计划或论点存在小瑕疵而大肆批评。他们是相当不易动感情且冷淡的，通常不易受到激励，但这也有其优点，因为他们的判断非常客观并且很少受到个人或自我中心的想法所影响。他们对团队的士气没有什么帮助，有时甚至有害，因为表达看法时往往直言不讳，但他们的意见通常公平且中肯。

团队的管理者要让监控者发挥自身的长处，就是要他们保持工作动机与乐观态度，否则他们可能对团队造成负面影响。因为他们善于分析问题、拟订计划或评估其他人的贡献，你给他们大量书面或需要复杂分析的资料，他们的表现会令你满意。

6. 团队工作者

团队工作者大都具有类似以下的性格特征：敏感而喜欢交际、个性温和、对团队忠心，正是因为如此，他们最清楚团队里成员们的情绪变化，是优秀的倾听者与外交官，对于新想法，他们的直觉反应是加以运用发展，而不是从中挑毛病。

由于他们身上具备这样的特质，他们的出现可以将团队里的人际问题降到最低，当团队成员间起冲突时，团队工作者的存在便更可贵。不过遗憾的是他们身上缺少应有的竞争力，有时显得优柔寡断。如果让他们担任领导者，团队工作者可能缺乏活力，但是由于他们人缘很好，不具有威胁性往往能起到激励团队成员的作用。

例如，当团队必须做出一个很重要的决定，但是许多的成员愿意改变自己的想法，对最适当的做法却存在意见分歧，显然要达成共识很难办到。在这个时候团队工作者会与每一位成员分别谈话，不仅询问他们的意见，也征询另一个提议被采行时，他们有何感想。一旦团队工作者了解哪个决定最好时，他会和每个反对这个提议的人谈话，试着鼓励他们支持这个决定。

7. 执行者

执行者具有组织化的技能、常识及自律能力，他们能将想法与决策转化为清晰且可操控的任务，将整体计划转变成行动计划。除了忠心及无私，他们工作认真且条理分明，执行者的可贵之处在于，不论个人对工作内容的好恶如何，他们都乐于完成任何交办的工作。

执行者喜欢营造秩序，对于突然的变化感到不安，他们最擅长拟定工作进程、编定预算、制作图表及建立制度，虽然有点不易变通，且对于自己认为不相关的想法有抗拒的倾向，但很愿意配合提案作调整与修正。

8. 完成者

这种类型的角色因为天性紧张且内向，担心事情出错，他们要到彻底确认过每个细节后才放心，由于他们如此谨慎且不辞辛劳，因此，他们是杰出的校对者。虽然完成者并非特别独断的人，但他们会传播一种感染整个团队的急迫感，而且无法忍受别人漫不经心的态度。

例如，团队负责在一个重要商展上安排一个摊位，诸如展览重点是哪些商品与服务项目、选择何种类型的摊位、及邀请哪些重要顾客与潜在客户等重要决策都已完成，现在要讨论的是细节的计划与安排。完成者一般会这样说："你们都同意时间的安排之后就交给我，我才能确认我们是否依照预定进度完成所有工作，也请确定每个工作阶段都列出明确的完成期限。"

由于完成者对事情有条理并且周密，他们发现授权给别人是很困难的事，但他们几乎都能达到自己所设的最高标准要求，而且绝不错过任何截止期限。

9. 专家

专家以所有的精力获取最专业的技能或知识，他们最感兴趣的是自己专长的领域，热烈地追求进步，对此抱持高度的专业态度。不过他们对于别人的工作有不关心的倾向。他们拥有干劲、全心奉献，一心一意想成为特定领域里的完全专业人员。

在工作内容奠基于专业技能与知识的团队里，专家是关键角色，在这些情况中，专家可能成为好的管理者，因为他们具备知识，赋予他们针对问题深度了解再做决定的能力。

总的来说，团队的卓越与否并非是由团队中的某一个成员所决定的，而是整体成员共同努力的结果。由此，整个团队成员的素质便直接决定了团队的整体素质，决定了团队的生存与发展。也就是因为如此，便要求团队的组织领导者在挑选团队成员的时候，不仅要有一个严格的标准，还应该做到优中选优，这样才能确保整个团队的力量发挥到最大。

【狼性团队说】

一个团队，要想获得良好的生存和发展，在人才的选择上一定要懂得挑选。只有优秀的团员才能造就优秀的团队，才能具备一流的战斗力、竞争力，才能在竞争之中获得主动权，争取最后的胜利。

第四章

狼在群体中生存

狼，是一种神奇的动物。它的起源可以追溯到500万年前。狼曾经是世界上分布最广泛的野生动物。狼属于犬科动物，形态与我们熟悉的狗非常相似。狼是凶猛的食肉动物，是捕猎的能手。狼也是具有团队意识的群居动物。通常几条狼组成一个群体，其中，每一条狼都要为了群体的生存而贡献自己的力量。这也是狼群得以在自然界生存的重要因素之一。今天，我们将一起领略狼的世界、狼的精神、还有狼的力量。

狼绝不会“窝里斗”

狼从小就在嬉戏中学习团结配合的精神
狼在学习过程中逐渐形成自己的“职位”
在群体中扮演一种角色
而决不会在同类面前争强斗气
它们之间的嬉戏与争斗
也从来是“点到为止”的
每当一条狼争斗失利时
就会夹起尾巴服输
另一条会见好就收
甚至狼的牙齿已经对准了失败的另一只狼的脖子
也不会咬断对手的颈动脉把它咬死
这是狼族为了保存种族而特有的天性
……

——【狼性宣言】

狼族内部从来不会出现大的宿怨，因为它们从不会“窝里斗”。但是，可笑而又可悲的是，自高自大的人类，却没有这种本能、这种禁忌。对狼，对动物界的这些行为，今天的人类是不是应该深刻地自省一番呢？

猜忌是导致团队出现“窝里斗”现象的致命因素。猜忌源于人的“自私”本性。在考虑问题的时候，是站在“自我”的角度上去思考问题的，一切向着有利于自我的角度去考虑。由此，当一个人看到另外一个人受到褒奖的时候，便会心生嫉妒，从而使得猜忌加大，严重地影响了整个团队的团结。

那么，怎样才能消除猜忌，达到内部的团结统一呢？那就是消除人性之中的“自私”。虽然，“自私”是不可能彻底消除的。但是，可以采取一些变通的方法，以防止因嫉妒和贪婪而产生的猜忌。对于部属，不管是中高层将领，还是普通的士卒，在对待他们的时候，要不偏不倚，对事不对人，尽量做到公正严明，一视同仁。只有这样去做，让大家在一个公平的机制下共事、竞争，才会消除掉人们因嫉妒所产生的猜忌，而保障整个团队的团结。我们来看一个事例：

有一位年轻人通过自己的努力创办了一家生产木螺钉的乡办企业。由于刚开始的时候，他使一群赋闲在家的年轻人找到了一份工作，觉得有事可做，所以生产出来的产品又快又好，因此，企业发展得很快，获得的成功使得这位年轻业主变得异常喜悦，以至于他对于一些在生产过程之中表现良好的年轻人另眼相看，明显的对他们与对其他的员工不一样。

为此，他所聘请来的一位技术员，时时地提醒他，如果真的要想使企业得以长足的发展，最好对所有的员工都一视同仁。但他并没有将这些劝告听进去，仍然像以前一样。然而，随着时间的推移，半年的时间过去之后，企业的发展速度开始减缓，甚至一步步地在倒退，出现了生产疲软、质量严重不合格等情况。虽然，他三令五申地强调这方面的事情，可是仍然没有取到任何的效果。在支撑了半年之后，企业终于支撑不住了，宣告破产，将辛辛苦苦创建的企业转让给了那位告诫他要对企业的员工一视同仁的技术员。破产之后的打击使得这位企业主坐下来思考，自己的企业为什么在开始的时候发展是那样的迅速，而在短短的一年时间内，就像是昙花一现似的成了过眼烟云呢？

这一天，当他来到自己以前所创建的工厂时，看到了另外的一种情况。在厂大门口，停满了来自全国各地提货的货车，一改往日门可罗雀的景象。他出于好奇，走进了原来属于他现在却属于别人的办公室，见到那位接手企业的技术员。

最后，他还是从技术员的嘴中得到了自己为什么会在取得短暂的成功之后，又急速地滑坡的原因。就是，他没有对手下的员工一视同仁，没有给他们创造一个公平竞争的机会，让其他的员工心存嫉妒之心，以至于有的还在工作之中使坏，并不全心全意地去生产，为企业制造效益。

而这位技术员接手后，之所以使得这家乡镇企业发生了翻天覆地变化，根本原因便是由于他对所有的员工一视同仁，制定出了一套可行的奖赏规章制度，对于员工的优劣，严格地按照规章制度上所写的标准执行，给大家创造了一个公平竞争的机遇。

可见，即便管理者对某些员工非常欣赏，也不要流露出对于他们的特殊情感，要学会隐藏。因为，有的时候，作为团队建设者对于团队之中的某一位成员过分地表示友好，会很容易让其他的队员心生妒忌，“自我”的认为这是一个有失“公平”的地方，从而使他们心中的“嫉妒”成为破坏团队团结的阻碍。

一位成功的企业家说：管理的根本是在“人”，只有把“人”管理好了，就能很好地利用“人”来做事，同时把自己的“人”培训好也是一种很重要的管理艺术。

在具体的管理中，这位企业家很懂得如何让自己的员工在一种精神作用下好好合作，开拓前所未有的领域，并得到满意的成功，这是很关键的事情。他觉得当他的“人”身上能够充分显示出公司特色的时候，那么，公司就是一只令世界竖起大拇指的“豚鼠”，反之就成了牺牲品或“炮灰”。

他不断地告诉自己的中层管理人员，要放下自己的优越感，离开办公室到员工的中间去认识、了解每一位员工，倾听他们的意见，调整部门的工作，使员工生活在一个轻松、透明的工作环境中，让员工时刻都感觉到自己身处在一个团队里。

在管理人的过程中，这位企业家很讲究管理的艺术，他很多次提醒这些下属，和员工聊天一定要讲究艺术。比如，有一次他到一个小店里去考察，他向员工是这样介绍自己的：“我来这里打个招呼，相信你们在电视或者是报纸上见过我，今天让你们看一看我的‘庐山真面目’。”这句话把大家逗得哈哈笑，他和员工的气氛一下子就缓和了很多。

由此可见，只有在一个公平的竞争机制之下，才能尽量地杜绝“嫉妒”，减少因为“嫉妒”而给团队内部团结带来的不利因素。因此，作为团队的建设者，只要改变一下思路，从怎样防止出现这种情况的角度出发，尽量杜绝诱发这种情况，就可以尽量地减少这类事情的发生。

【狼性团队说】

作为领导，必须对人性有一定的了解，将人们的嫉妒之心和不服输的自尊心理结合起来，通过不断树立各种规章制度，设立一个公平的机会，通过道德素质的典范，让产生猜忌的“嫉妒”成为一种竞争的源动力。

“独行狼”没有前途

在狼族中
不合群的成员被称作“独行狼”
这些“独行狼”大多性格孤僻
或自以为是，做事一意孤行
总以自我为中心
狼族坚决拒绝独行狼
头狼肯定会将它们开除
毫不同情与怜悯
在这里，不同情
不怜悯并不代表头狼是一种无情的动物
恰恰相反，这显示了头狼的智慧
只有坚决将“独行狼”开除
让它去体验生存的艰辛
它才能从根本上改正自身的缺点
重新做一名合格的狼族成员。
……

——【狼性宣言】

有些狼之所以被头狼驱逐出去，是因为它们“不合群”，也就是缺乏团队精神，不懂得与其他成员合作。“独行狼”被开除的下场，为职场中

人敲响了警钟。职场人士应该学习狼性生存技巧，做事不要独来独往，以自我为中心，应学会与人合作。

企业需要懂得合作的狼性员工，但决不允许“独行狼”的存在，因为不懂团队协作是职场大忌。上海富力科技有限公司销售部门的孙近平经理就是一个很好的例子。

孙经理头脑灵活，而且富有较强的观察力。他在担任部门经理之前，对基层人员的情况非常了解，因此提出的一些决策和建议都能得到其他人的认同。可是，他当上部门经理之后，整个人却发生了很大变化。他开始怀疑所有人，事无巨细一律独自裁决，动不动就呵斥下属。最终，弄得部门上下一盘散沙，人人变得自私自利。

于是，在协调工作会议上，经常出现孙经理一人在台上演讲的现象，大小事全由他一手包办，员工提出的任何意见都别想改变他的决定。因此，孙经理在提出工作方案后征询大家的意见时，大家认为反正说了也没用，于是都不发表意见。

孙经理见没有人主动发言，就采用点名的方式。然而，被点到的人嘴里虽说“孙经理的想法很好，我一百个赞成”，心里却难以苟同。由于大家都抱着一副不负责任的态度，结果部门经理的工作方案很难推行，最终沦为一堆“垃圾”。天长日久，销售部被搞得一团糟，公司老板不得不宣布孙经理“下野”。

孙经理正是犯了不懂团队协作的大忌，才使自己从部门经理的位置上摔了下来。通过这个例子我们可以看出，一个人即使有超人般的能力，但不懂合作也无法取得优异的成绩，甚至连饭碗都保不住。

任何公司的老板都十分看重员工的团队精神。当老板评功论过的时候，往往把团队的表现而不是个人的表现放在第一位。老板永远不会奖励无益于团队发展的个人表现——尽管有时候员工个人的成绩也很出色，但真正出色的成绩应该是那些可以帮助团队实现整体目标的努力，否则个别人会把好不容易建立起来的团队观念抹杀得荡然无存，这样的人往往得不到老板的重用。

有个年轻的大学毕业生应聘到一家公司上班。上班的第一天，他的老板就分配给他一项任务：为一家知名企业做一个广告策划方案。

这名年轻人见是老板亲自交待的，不敢怠慢，就埋头认认真真地搞起来。他不言不语，一个人费劲地摸索了半个月，还是没有弄出一点眉目来。显然，这是一件让他难以独立完成的工作。老板交给他这样一份工作的目的，是为了考察他是否有合作精神。偏偏这个年轻人不善于合作，他既不请教同事和老板，也不懂得与同事合作一起来完成工作，只是凭自己一个人的力量去蛮干，当然拿不出一个合格的方案来。

作为一个个体，就算你才华横溢，无所不能，如果不依靠团队的力量，仅靠自己，也难以创造出令人满意的业绩。“独行狼”和单打独斗的时代已经一去不复返了，现代企业强调更多的是统一标准、流程和规范。在竞争日趋激烈的今天，靠一个人的力量显然是无法打天下的。我们再来看一个例子。

美国一家全球500强的大公司，招聘高层管理人员。其中9名优秀应聘者经过初试，从上百人中脱颖而出，进入了由公司老总亲自把关的复试。

老总看过这9人详细的资料和初试成绩后，相当满意。但此次招聘只能录取3个人。老总给大家出了最后一道题。

老总把这9个人随机分成甲、乙、丙三组，指定甲组的3个人去调查本市婴儿用品市场；乙组的3个人去调查妇女用品市场；丙组的3个人去调查老年人用品市场。

老总解释说：“我们录取的人是用来开发市场的，所以，你们必须对市场有敏锐的观察力。让大家调查这些行业，是想看看大家对一个新行业的适应能力。每个小组的成员务必全力以赴！”临走的时候，老总补充道：“为避免大家盲目开展调查，我已经叫秘书准备了一份相关行业的资料，走的时候自己到秘书那里去取！”

两天后，9个人都把自己的市场分析报告送到了老总那里。老总看完后，站起身来，走向丙组的3个人，分别与之一一握手，并祝贺道：“恭喜3位，你们已经被本公司录取了。”然后，老总看见大家疑惑的表情，呵呵一笑，说：“请大家打开我叫秘书给你们的资料，互相看看。”

原来，每个人得到的资料都不一样，甲组的3个人得到的分别是本市婴儿用品市场过去、现在和将来的分析，其他两组也类似。

老总说：“丙组的3个人很聪明，互相借用了对方的资料，补充了自

己的分析报告。而甲、乙两组的6个人却分别行事，抛开队友，自己做自己的。我出这样一个题目，其实最主要的目的，是想看看大家的团队合作意识。甲、乙两组失败的原因在于，他们没有合作，忽视了队友的存在！要知道，团队合作精神才是现代企业成功的保障！”

现代企业招聘员工，有一套很严格的标准，最必要的条件就是要有团队合作精神。就算这个人是天才，如果其团队合作精神比较差，这种人也没有企业愿意用。

今天的企业比起以往任何时候都需要团队合作精神，资源共享、信息共享才能够创造出高质量的产品与高质量的服务。特别是团队成员之间，每一个成员都具有自己独特的一面，取长补短，互相合作所产生的合力，要大于两个成员之间的力量总和，这就是“1+1>2”的道理。一个重视团队合作精神的企业，才有可能在激烈的市场竞争中保持着胜利的记录。

【狼性团队说】

假如我在团队合作方面还有欠缺的话，就应该低下我高贵的头颅，张开闭塞的双耳，虚心地倾听一下别人的意见，并热情地伸出我的手，与组织中的每一个人挽臂同行。原因很简单，任何一家企业都不需要“独行狼”，“独行狼”是没有前途的。

没有沟通，就无法团结

狼是最善于沟通交流的动物之一
在草原上，狼群对猎物发动攻击时
彼此通过一个眼神就可以心领神会
对狼来说
交流在于密切注视各种各样的交流方式上
头狼与群狼之间复杂精细的交流系统

使它们得以不断调整战略、战术
以获得成功
完善沟通是狼群能够生存的优势
也是最重要的一个生存法则
……

——【狼性宣言】

对于狼群来说，交流沟通就是它们生存的保障。同样，沟通是一个团队发展的润滑剂，它能促进团队中的每一个成员的默契配合，相互了解，从而达到为了公司的目标，成员之间相互协作的目的。

在一个缺乏交流、不善于沟通的组织中，人与人之间会出现隔膜，这对团队的合作是不利的。在工作中不可能没有矛盾，不可能没有磨擦和误会。但是在矛盾和误会出现之后领导者应该怎样协调和处理？怎样通过与员工的交流，使整个组织系统趋于和谐？让我们来看看零售巨头沃尔玛集团的做法。

谈及沃尔玛集团的管理者与员工的合作伙伴关系，人们的确相信它的存在。合伙关系中包含金钱，但也考虑到了人类的基本行为、道德规范。尊重和关心一个由40万人组成的拥有真诚合伙关系的团体，在极大程度上能够把整体的利益置于个人需要之上，在这方面沃尔玛公司无疑是一个成功的范例。

如果将沃尔玛公司的用人之道浓缩成一个思想，那就是沟通。沟通正是沃尔玛公司成功的关键因素之一。沃尔玛公司以各种方式与员工进行沟通，从公司股东会议到极其简单的电话交谈，乃至卫星系统。他们把有关信息共享方面的管理看作是公司力量的新源泉。当公司仅有几家商店时就这么做，让商店经理和部门主管分享有关的数据资料。这也是构成沃尔玛公司管理者和员工合作伙伴关系的重要内容。

沃尔玛公司非常愿意让所有员工共同掌握公司的业务指标，并认为员工们了解其业务的进展情况是让他们最大限度地干好其本职工作的重要途径。分享信息和责任是任何合伙关系的核心。它使员工产生责任感和参与感，意识到自己的工作在公司的重要性，觉得自己得到了公司的尊重和信任，他们会努力争取更好的成绩。

沃尔玛公司在同行业中是最早实行与员工共享信息、授予员工参与权的，与员工共同掌握经营指标是整个公司不断恪守的经营原则。每一件有关公司的事都公开。在任何一个沃尔玛商店里，都公布该店的利润、进货、销售及商品减价情况，并且不只是向经理及其助理们公布，还会向每个员工、计时工和兼职雇员公布各种信息，鼓励他们争取更好的成绩。萨姆·沃尔顿曾说："当我看到某个部门经理自豪地向我汇报他的各个指标情况，并告诉我他位居公司第五名，并打算在下一年度夺取第一名时，没有什么比这更令人欣慰的了。如果我们管理者真正致力于把买卖商品并获得利润的激情灌输给每一位员工和合伙人，那么，我们就拥有势不可挡的力量。"

总结沃尔玛公司的成功经验，交流沟通是非常重要的一方面。如果不信任自己的"合伙人"，不让他们知道事情的进程，他们会认为自己没有真正地被当作合伙人。管理者尽可能地同他的"合伙人"进行交流，员工们知道得越多，理解就越深，对事物也就越关心。一旦他们开始关心，什么困难也不能阻挡他们。我们再来看霍桑特尔公司的一些做法。

霍桑特尔公司，是一家拥有两万多名员工的大公司，它很早就认识到了员工意见沟通的重要性，并且不断地加以实践。现在，公司的员工意见沟通系统已经相当成熟和完善。特别是在全球经济不景气的时候，这一系统对提高公司劳动生产率发挥了巨大的作用。

公司的"员工意见沟通"系统是建立在这样一个基本原则之上的：个人或机构一旦购买了迪特尼公司的股票，他就有权知道公司的完整财务资料，并得到有关资料的定期报告。公司的员工，也有权知道并得到这些财务资料，和一些更详尽的管理资料。迪特尼公司的员工意见沟通系统主要分为两个部分：一是每月举行的员工协调会议，二是每年举办的主管汇报和员工大会。

早在10年前，霍桑特尔公司就开始举行员工协调会议，员工协调会议是每月举行一次的公开讨论会。在会议中，管理人员和员工共聚一堂，商讨一些彼此关心的问题。无论在公司的总部、各部门、各基层组织，都会举行协调会议。这看起来似乎有些像法院结构，从地方到中央，逐层反映上去，也正是因为这样，公司总部的协调会议才能达到双向意见沟通的目的。

在开会之前，员工可事先将建议或怨言反映给参加会议的员工代表，代表们将在协调会议上把意见转交给管理部门，管理部门也可以利用这个机会，同时将公司政策和计划讲解给代表们听，相互之间进行广泛的讨论。

如果有问题在基层协调会议上不能解决，将逐级反映上去，直到有满意的答复为止。事关公司的总政策，那一定要在首席代表会议上才能决定。总部高级管理人员认为意见可行，就立即采取行动，认为意见不可行，也得把不可行的理由向大家解释。员工协调会议的开会时间没有硬性规定，一般都是一周前在布告牌上通知。为保证员工意见能迅速逐级反映上去，基层员工协调会议都是先开的。

同时，霍桑特尔公司也鼓励员工参与另一种形式的意见沟通。公司在四处安装了许多意见箱，员工可以随时将自己的问题或意见投到意见箱里。

为配合这一计划的实行，公司还特别制订了一些奖励规定，凡是员工意见经采纳后，产生了显著效果的，公司将给予优厚的奖励。令人欣慰的是，公司从这些意见箱里获得了许多宝贵的建议。

在全球经济衰退期中，霍桑特尔公司的生产率每年平均以10%以上的速度递增。公司员工的缺勤率低于3%，流动率低于12%，在同行业内为最低。有效的沟通和强有力的执行正是霍桑特尔公司能够顺利度过难关，并取得长足发展的有利保障。

对于企业团队而言，有效沟通能把内部矛盾化解为零，把上下、左右的关系调整到最佳状态。其实，沟通不仅是管理者最应具备的技巧，也是企业最需具备的基本体制。只有实现了完善通畅的沟通，团队才会有美好的未来。

【狼性团队说】

简单来说，沟通就是让他人懂得我的本意，我明白他人的意思。事实上，只有达成共识的沟通才是有效的沟通。团队中的成员越多，存在的差异也就越多，就越需要队员之间进行相互的沟通。

分享是最聪明的生存之道

在狼群中，经验是非常重要的
一个狼群如果缺乏经验丰富的首领
那么，这个狼群可能很快就会灭亡
一条头狼的死亡
也意味着多年的经验教训随之而去
但比较幸运的是
狼群平时就非常注意成员之间的经验交流
无论是成年狼还是幼狼
对所学到的知识经验
都可以通过自己的方式传递
……

——【狼性宣言】

学会分享，的确是聪明的生存之道。这是头狼给我们的一大启示，一个人要想取得大的成功，就要学会与人分享。分享，是一种成功的境界，是一种智慧的升华，是与人方便、自己方便的领悟。分享爱，分享劳动，分享喜悦，乃至分享痛苦，这都是一个团队所需要的。

一家大型家族企业下面有很多部门，总裁年事已高，打算好好锻炼一下自己的儿子，他让儿子以一名普通员工的身份到各个部门体验一下。这个年轻人走了不少部门，也学到了不少东西。他发现，绝大多数部门看起来都是忙忙火火、秩序井然的样子，大家似乎连笑的时间都没有。唯独市场部总是洋溢着笑声，而且他们的业绩在全公司是最好的。他很奇怪，便决定在市场部多待一段时间。

经过一段时间的观察，他发现，秘密竟然出现在一个叫老王的职员身上。老王这个人学历不高，薪水也不是很多，但最大的特点就是特别喜欢和别人分享一些自己的事情。比如他爱人生了女儿，他一大早就冲到公司对大家喊："我当爸爸了!"每个月发了奖金，虽然他拿得比别人少，但是他总会买些零食回来："来来来，发奖金了，我请客。"每次擦自己的办公桌的时候，他也总是帮那些不在的同事一起收拾干净。别人有什么困难，只要是他能帮得上的，二话不说，马上过去帮忙。

在老王的带动下，整个部门的人都十分开朗，大家的集体活动比较多，下班以后经常一起出去玩，而不是像别的部门各回各家。在这样的环境下，大家的工作效率自然就高了很多。

几个月以后，董事长问儿子："在这几个月里，你都学到了什么?"

年轻人回答："我学到了很多东西，但是最重要的一点，我学会了与人分享。"

懂得分享是一种聪明的生存之道。当我们摒弃自私的行为，为别人付出的时候，在某种程度上就是帮助了自己。因为在这个崇尚合作的社会里，没有一个人能担当全部，一个人价值的体现往往就维系在与别人互助的基础之上。许多时候，与人分享自己的拥有，我们才能找到自己的位置和方向。在通用电气公司，就存在着这样的分享之道。

通用电气公司执委会有固定的时间举行集会，第一次是在3月15日。另外3次分别在6月、9月和12月的中旬举行。这样安排可以使公司执行委员会成员在每个季度的经营结束前几周得以在会议上进行交流。

前CEO杰克·韦尔奇力图使公司执行委员会会议在轻松的气氛下召开，因此，他从没有制订一个正式的议程。在会前与会者将得到一份便函，以了解可能要集中讨论的某个专题。除此之外，不再有任何预定的程序。

韦尔奇不拘一格，他或者通过简单回顾几周前出席董事会的情况，或者重述一下最近视察某一事业部的情况，或者从美国或世界经济上开始他的讲话。其后公司领导深入阐述各自部门的季度和年度经营预测，谈论可能带来的大订单或者在某次营销中成功或失败的细节，以及任何感兴趣的新技术发展、划时代的产品、新的家用电器、购并或裁决。

虽然所有这些都是很严肃的话题，但整个会议却在随便、非正式的气氛中进行。随着发言者对提问和评论的机智反应，彼此之间相互进行沟通和学习。韦尔奇不强求将会上的每一个好做法都全盘推广。他关心

的是他的高级主管们如何去想办法并采取他们喜欢的方式。

韦尔奇夸耀说，48小时后执委会成员从这儿离开时，他们可能不是世界上最聪明的人，但可能是最博学的人。他说："他们谈论所有有关的课题。中国发生了什么？这个或那个事业部发生了什么？人们在48小时内分享信息，所有人都知道了一切。这就像一个家庭俱乐部。大家都很快乐。"

"学习——所有都与学习有关，大家坚守着这条原则。学习的想法在通用是非常真实而明确的。大多数公司在它们的会议上不讨论思想，不交流信息。为什么不呢？因为出席的每个人都来自同一业务领域。他们只是纵向地谈业务。而通用则不拘一格地谈到补偿计划，谈到中国，谈到相关经验。"

"假如你是个封建主义者，以自我为中心，不喜欢与他人分享及共同研究构想，你就不属于这里。消除彼此间的壁垒，让我们得以互相批评，但又不会伤到和气，当有人开始圆场时，我们会彼此微笑。组织内部的成员必须是不拘礼节、轻松自在且彼此信赖的。"

在一些公司中，大家只是讨论出办法而后就散会了，随后他们才不得不想怎样去应用这些办法，而韦尔奇要求公司执委会成员马上思考这些主意的应用问题。因此，通用不只是在倡导一种好学精神，它还提倡好学精神应落到实处。

倡导好学精神已经给通用领导们带来了压力。斯蒂夫·克尔说："有时这些领导对我说：'我有一个最好的经验，杰克·韦尔奇将要来考察，帮我赶快把这个好经验在公司内推广吧。'这说明，这个经理了解有一个好的主意并不够，只有当把它与大家共享时，才能得到嘉许。"

同时，这种好学精神也带来了内在的压力。所有不能参加会议的员工坐立不安地想着会议上会产生什么新的主意，他们的首席执行官明天将从会议上带来什么样的新主意来实施。他们都想成为"最佳经验"的创始人。他们不想被首席执行官告知其他的事业部已想出了重大的新思路。

在这个勇于开拓的新环境中，所有的员工都可以参与决策，并充分地获得决策所需的重要信息。韦尔奇解除了员工的各种束缚，让他们自由发挥，达到了无界限的目的。

当我们做出一点儿成就时，往往喜欢居功自傲，而且不愿意把自己的东西和其他人分享，认为那样就显不出自己来了。这样做是大错特错了，我们都以为，把自己融入到团队中就缩小了自己，但其实不是的。当我们真正融入到团队中时，当我们达到一个共同的目标时，你会发现，我们的能力已经在团队中被放大了。

【狼性团队说】

在这个崇尚合作的社会里，没有一个人能担当全部，一个人价值的体现往往就维系在与别人分享互助的基础之上。当我们摒弃自私的行为，为别人付出的时候，从某方面讲就是帮了我自己。

站在别人的立场上思考问题

几个猎人拿着猎枪骑马追杀一群狼
当距离渐渐拉近时
三条强壮的狼停了下来
转过头来面对猎人
猎人愣神过后，举枪射杀了三条狼
但其他的狼早已翻过山脊逃得无影无踪了
每条狼都知道自己的生存机会是狼群给的
如果为了整体的利益而付出代价
它们不会退缩
会站在整个狼群以及其他成员的立场上思考问题
毅然地牺牲自己，以保全其他成员
……

——【狼性宣言】

狼在战斗中会为它们的团队着想，决不会危害它们的团队。在人类

社会中，与此对应的有句话叫“将心比心”，意思就是站在别人的立场上思考问题。

学会不谴责别人，不评价别人，不因为别人的错误而责怪和憎恶他们。无论在事业上或人际关系上，我们都需要一份宽容心。换个位置想一想，你也许会得到很多很多。我们来看历史上的几个事例。

春秋时，楚庄王有一次和群臣宴饮，晚上大殿里点着灯，正当大家酣畅之际，突然一阵风把灯烛吹灭了。这时，庄王身边的美姬叫了一声，庄王问：“怎么回事？”美姬对庄王说：“大王，刚才有人牵拉我的衣襟，非礼我。我扯断了他帽子上的系缨，现在还拿着，赶快点灯，抓住这个断缨的人。”

庄王听了，说：“是我赏赐大家喝酒的，酒喝多了难免会有人做些出格的事，没有什么大不了的。”于是命令左右的人说：“今天大家和我一起喝酒，如果不扯断系缨，就说明他没有尽兴。”群臣总共一百多人马上都扯断了系缨，热情高涨地饮酒，尽欢而散。

过了三年，楚国与晋国打仗，有一位将军常常冲在最前边，勇猛无敌。战斗胜利后，庄王感到惊奇，忍不住问他：“我平时对你并没有什么特别的恩惠，你打仗时为什么如此卖力呢？”那人回答说：“我就是那天夜里被扯断了系缨的人。”

无独有偶，同时期的秦穆公也是这样一位开明的君主。

有一次，秦穆公的一匹马被岐下的乡下人偷着宰食了。秦国的官吏捕捉到这些乡下人，打算严加惩处。秦穆公说：“我不能因为一条牲畜就使那么多人受到伤害。听说吃了良马肉，如果不喝酒，对身体会有害。赏他们酒喝，然后全放了吧。”

后来，秦国和晋国在韩原交战，这些人闻讯后都奔赴战场帮助秦军，正巧穆公的战车陷入重围，形势十分险恶。这些乡下人便高举武器，争先恐后地冲上去与晋军死战，晋军的包围被冲散，穆公终于脱险。

站在别人的立场上思考和解决问题，容忍他人小的过失，他会以自己的一技之长来报答；而责备只会让人徒增怨恨。大度明达，宽宏待人，自古以来就被一些历史名人奉为为人处世的重要标准，我国唐朝的女皇帝武则天也是其中的代表之一。

武则天十四岁被唐太宗挑选入宫，太宗死后为尼。高宗时期复被召为昭仪，后立为皇后，参与朝政，后号天后，与高宗并称“二圣”。中宗即位，她临朝称制，次年，废中宗，立睿宗，后废睿宗，自称圣神皇帝，改国号为周，史称武周。

武则天为人处世，固然有其独断专行的一面，但也有宽宏大量、与人为善的一面，特别是她那大度明达、不计私愤的心怀，更是给后人留下了深刻的印象。据记载，武则天登基后不久，一个叛臣的女儿出于父亲被杀的仇恨之心，当着武则天的面写了一首《剪彩花》的诗文，最后两句是“借问桃将李，相乱欲何如?”意思是说：你这个不检点的女人，夺了男人的权，乱了伦理道德，要走向何处去? 很明显，这个矛头是直指武则天的。但是，武则天却没有因此而嫉恨她，更没有迫害她，反而把这种指责视作是对自己的一种警示，并进一步认为，治政非常需要这种“专门找茬”的人。怀着这种心情，武则天把这个人请进了王宫，让她从事监督自己的工作。

武则天这一宽宏大度、不嫉恨反对者的行为，使得此人感激涕零，成为了一位衷心拥护武则天当政的人。时隔不久，被称为初唐四杰之一的骆宾王，也以同样的手法攻击武则天，不仅没有受到打击报复，反而被视作一个难得的人才，受到了武则天的重用。

武则天身为一个女皇帝，在封建条件下，能这样宽容地对待异己，确实是难能可贵的。正是因为她推行了一套“躬自厚而薄责于人”的施政方略，在其执政的四十九年中，大唐帝国才出现了一片繁荣的景象。

现实生活中，大部分人总是希望得到别人的尊重、支持和理解，夫妻之间、朋友之间、同事之间要懂得换位思考。各执己见往往是人与人之间矛盾冲突的重要原因，而在产生矛盾后，如总是各持自己的观点，互不相让的话，就会造成双方关系的破裂，人际关系的恶化。所以，在交往中，人与人之间需要坦诚相待，更需要懂得换位思考，只有不断地换位思考，才会获得更多的尊重。

【狼性团队说】

站在别人的立场上思考问题，需要以坦诚的态度对待他人，少说多干、宽厚待人、以理服人；多倾听下属的意见，注意向别人请教，真诚地希望得到帮助或建议。

中篇

从内到外，做好狼性团队的训练

一条优秀的狼并不是生来就是优秀的，而是经过后天的捕猎训练而成的；一个优秀的团队成员并不是天生的，也是需要经过后天训练的。这种『优秀性』的训练，不仅仅讲究技能上的提高，也讲究思想觉悟上的提高。只有从内到外都达到优秀，才能称得上真正的优秀。

第五章

从培养狼性开始

一条优秀的狼身上必定带有鲜明的狼性，这是最基本的特性。而要想培养一条优秀的狼，就必须从培养这条狼的狼性开始。狼性是狼体内一种独特的内心素质，就好比人的信心一样。狼性不好，猎杀时很可能会出现失误，那么，这样的狼也就达不到优秀。

优秀的狼从优秀的教育开始

狼，不是生来就是优秀的
只有优秀的教育
才能造就优秀的狼
对于狼群来说
教育的途径除了母狼就是猎物
优秀的猎物
在饿死一批狼的同时
也造就了一批优秀的狼
……

——【狼性宣言】

对于狼群来说，要想接受教育，除了小时候能从成年狼那里获得最基本的生存技能教育之外，还有一个地方可以学习到自己所需要的技能：猎物身上。一批优秀的猎物往往会饿死一群狼，也往往能训练一群狼。在姜戎的《狼图腾》中，我们完全可以从中看出这一点。野马再优秀、牧民再聪明，有些时候还是斗不过狼群，为什么？因为猎物的优秀、牧民的聪明已经间接地为狼群做了最优秀的教育和培训。

在那个时候，猎杀不再是速度和力量的对抗，而是一种智慧的对抗。谁的智慧大，谁就能获得胜利，就能获得生存。对于这一点，红嘴狼心里非常清楚，现在它的“超级猎杀团队”已经组团完毕，接下来要做的就是对这些“团员”进行训练，趁现在冬季的暴风雪还没有到来之前加紧训练。

可是哪里的猎物是最优秀的呢？或者说，哪里才是红嘴狼群最好的训练地点呢？对此红嘴狼进行了深入的分析。现在的红嘴狼群一般捕猎都会借助小山坡，即把猎物进行围捕，往小山坡上赶，等到猎物气喘吁吁地爬上山坡之后，埋伏在上面的“猎手”就趁机腾空而起，果断而准确地咬断猎物的脖子，死死不放，等围捕的狼群过来之后，一起扑倒。

虽然这种捕猎方法屡试成功，但是红嘴狼明显地感觉到，如果仅仅只靠这样一种固定的模式来捕猎，难免会受到制约，特别是在蒙古草原这样一个地方，有山坡的地方并不是很多，即便有山坡，猎物也不一定就在山坡下进食，更不用说是不是能够成功地将猎物往山坡上赶了。

经过一番分析之后，红嘴狼觉得自己组建的“超级猎杀团队”最需要训练的就是在一望无际的平原上猎杀的技巧。当然，要想训练这样的技巧，就必须具备这样的地理条件，好在红嘴狼群的地盘比较大，在它地盘的东北角，就有这样一块“风水宝地”，也就是原头狼找到新狼群的地方，也是这个狼群最原始的地盘。

既然有这样的条件，还等待什么？当天，红嘴狼就作出决定——“衣锦还乡”，等“超级猎杀团队”训练完毕之后再回到这个天然的洞穴。毕竟，只有这个洞穴才能阻挡冬季的暴风雪。

第二天，红嘴狼一阵嗥叫之后，带着自己的狼群出发了。虽然路途不是特别远，但是狼群足足走了将近两个小时。理由很简单：狼群很不理解红嘴狼的做法，也不知道，这一去，什么时候才能回来。这个洞穴是不是会被别的狼群占据，虽然领地每天都有狼群巡逻，可是谁又能保证呢？和人类一样，心里一旦对某件事情产生了情绪之后，执行起来效率也就容易低下了。不过，在红嘴狼的坚持下，狼群终于到达了目的地，开始了一番新的训练生活。

虽然我们暂时还不知道红嘴狼群的“超级猎杀团队”是不是能够获得成功，但是从红嘴狼的思考和行动中我们可以发现，这个狼群是非常有希望的，这不仅仅因为这个狼群的强大，而且还因为它的头狼——红嘴狼是一条有思想、有前瞻性、能够高瞻远瞩的狼。狼群在它的带领下必定能够走向强大，它的“超级猎杀团队”必定能为狼群带来足够多的食物。

其实，红嘴狼为狼群所做的一切也是当今团队领导者要为自己团队所做的。在当今商场之上，竞争的激烈程度和狼群所面对的竞争激烈程度并没有太大的差异。团队领导者要想获得竞争胜利，就必须对自己的团队进行教育、培训。虽然很多团队在新员工加入的时候会进行一些培训，但是我们应该明白一点：这些培训根本就不能算是培训，而仅仅只是一种“学前教育”，是最基本、最浅层的教育，对于提高这些员工的技能并不会起到很大的作用。更何况，很多团队的“学前教育”都是在两

到三天的时间内完成的，暂且不说这三天时间都培训些什么，即便都是有用的东西，那么员工又能吸收多少、在实际的工作当中能运用多少呢？

因此，团队领导者在团队运行过程中还要对成员进行“二次教育”。即，旨在加强基本技能、磨炼工作意志、提高工作经验的培训。比如，可以通过模拟对抗、业绩评比、经验交流、名师点评等方式进行。当然，最主要的还是要从知识上对员工进行灌输。毕竟，21世纪是“知识大爆炸”的年代，缺乏知识，将寸步难行。

我们可以来看这样一组数据：随着信息技术的发展，人类社会继200年前从农业经济时代进入工业经济时代之后，在上个世纪90年代又开始进入一个新的经济时代——知识经济时代。最近30年产生的知识总量已经等于过去2000年产生的知识量的总和。到2003年，知识的总量将比2000年增加一倍；专家预言到了2020年，知识的总量将达到现在的3～4倍；到2050年，我们现在所有的知识将只占知识总量的1%。这就是我们目前所面临的时代相对于以前人类社会所经历的其他时代的最明显的特征。

因此，现在的企业都提出了“建设学习型组织”、“打造学习型团队”的口号。知识经济时代的团体必须建立“学习型组织”，才能适应学习的需要，才能适应时代发展的需要。在当今各种产业中，最成功、最具竞争力的企业通常是那些善于开发、改良、更新、保护知识，并且迅速、持续不断地将它们转化为先进的产品或劳务的佼佼者。从某种意义上说，企业组织本身就是一个知识体，它不断地吸收知识、转化并产出新知识。企业处理知识的能力决定了企业的竞争实力。

正如彼得·德鲁克所言：“知识生产力已经成为企业生产力、竞争力和经济成就的关键。知识已经成为首要产业，这种产业为经济提供必要的和重要的生产资源。”

1983年，壳牌石油公司对1970年名列《财富》杂志“500家大企业”排行榜的公司进行了一次调查，发现有1/3已销声匿迹，并得出大型企业的平均寿命不及40年。因此，当你看到自己身边的某个大公司一夜之间垮掉时，你也不必感到惊奇。虽然这种优胜劣汰、适者生存的社会“新陈代谢”现象对整个社会是有利的，但对企业来说，却非常痛苦。总结正反两方面的经验，人们发现，大部分公司失败的原因在于：组织学习的障碍妨碍了组织的学习及增长，使组织被一种看不见的巨大力量所侵蚀，乃至最终覆没。因此，20 世纪 90 年代最成功的企业是“学习型组织”，未来唯一持久的竞争优势是有能力比你的竞争对手学习得更快。

总之，知识经济时代的到来，信息社会的不断发展，需要“学习型组织”的建立和发展，当今世界上一些优秀的企业通过实践也证明了“学习型组织”的优势。微软、GE 等世界级的企业都已成功地建立了“学习型组织”。正如美国麻省理工学院和《财富》杂志指出的那样：90 年代成功的企业是构建成“学习型组织”的企业。可以这样说：“学习型组织”由信息社会、知识经济时代所催生，同时也是信息社会、知识经济时代的基石。

【狼性团队说】

团队成员的优秀和狼一样，并不是生来就是优秀的。要想让团队成员变得优秀，就要善于给予他们优秀的教育。这种教育不仅仅局限在课堂上、会议室里，而且还应该在日常的工作、实践之中。

忠诚是狼群优秀的根本

狼——
是一个需要并且讲究忠诚的物种
对于狼群来说
忠诚是优秀的底线，也是根本
失去了忠诚的狼
不仅可能会失去狼群
还会失去生命
……

——【狼性宣言】

红嘴狼群“衣锦还乡”了，当年就是在这个地方，红嘴狼剥夺了原头狼的“统治权”，“篡位”成功，成了这个狼群的新首领。几年的

时间过去了，当红嘴狼再一次带着狼群来到这里时，心中不免有些感慨。但是在红嘴狼的脸上，却看不出一丝丝的迹象，只不过它的嗥叫声出卖了它的内心。记得当年它篡位成功后，发出的第一声“头狼”的嗥叫就是这样的。那时它还是年轻、无所畏惧的小公狼。而此时的红嘴狼带着自己的狼群经历了这么多的风风雨雨，已经变得更加成熟、理性了。特别是有了 7 只小狼之后，“父亲”的重任时常压得它喘不过气来。

就在红嘴狼发出嗥叫的时候，在不远处的原头狼所在的新狼群听到了这熟悉的嗥叫声，可是它现在不能给予回应，因为此时的它已经不属于红嘴狼群，而是隶属于另一个狼群、另一个团队了。如果现在和红嘴狼群相遇，它们就不再是朋友，而是敌人了。一想起这些，原头狼的心里多少还是有点忧伤的，可是，这是狼的规矩，是无法改变的。

就在原头狼暗自忧伤的时刻，它的头狼发出了威慑红嘴狼群的嗥叫声，意在警告对方不要跨过界限，否则会产生不必要的厮杀。原头狼所在的新狼群头狼是一条纯黑色的狼，背宽而长，当地的牧民也给它们起了一个名字：黑狼群。

在黑狼发出警告声之后，红嘴狼也作出了回应，回应的嗥叫声又长又亮，意在不理会对方的警告，大有“挑衅”之嫌。既然红嘴狼传达出了这样的信息，两个狼群的战斗在所难免了。

不一会儿的功夫，两个狼群就站到了一起。直到这个时候，红嘴狼才发现对方狼群里有一个熟悉的身影。同时，红嘴狼群的其它狼也发现了这一点，狼群开始有些混乱。特别是原先和原头狼“私奔”的两条“猎手狼”，此时更是表现出了躁动的情绪，大有“临阵倒戈”之嫌。毕竟，原来的头狼是它们的亲生父亲，现在为了整个狼群的利益，竟然要它们父子对阵，即便是狼，心里也是不好受的。

就在它们蠢蠢欲动的时候，红嘴狼走到它们身边，狠狠地咬了它们一口，意在警告它们不要胡来，否则有它们好受的。而后母狼也来到它们身边，发出低沉而温柔的嗥叫声，似乎是在安慰它们，又似乎是在和它们讲道理。母狼是它们的亲生母亲，教育它们也是天经地义的。

18 条成年狼对阵 6 条成年狼，数量 3∶1，实力相当悬殊。黑狼一见如此，果断地下达了撤退的命令，把这一块平原之地让给了红嘴狼群。

一场箭在弦上的火拼避免了，两个狼群开始了相安无事的生活，各自为了各自的生存而拼搏。

不过自从发生了“临阵动摇军心”的情况后，红嘴狼对那两条狼的重视度下降了，甚至把它们调离了“超级猎杀团队”，因为红嘴狼明白，自己所要组建的这个“团队”是整个狼群赖以生存的基础，无论其中的哪一条狼出现不忠于狼群的情况，那么，这个团队很有可能出现“解散”、“残缺”的情况，一旦出现这些情况，整个团队的战斗力就会急剧下降，也就称不上所谓的“优秀团队”了。这两条狼被调离“超级猎杀团队”之后，取而代之的是 7 条小狼中的两条小狼。虽然此时的这两条小狼对“猎手”的岗位还不是特别适应，但是有一点：它们对这个狼群是绝对忠诚的。这就是红嘴狼所考虑的，也是它所需要的。

一个狼群需要狼的忠诚，一个团队同样需要团队成员的忠诚。就如忠诚是红嘴狼群“超级猎杀团队”保持优秀的根本一样，企业当中任何一个团队，出现了“不忠诚”、“背叛”、“出卖”的情况，那么，这个团队也就失去了优秀的特性，甚至很快会走向失败。

在任何一个时代，都不可能没有竞争，那么，如何在竞争中获胜呢？对在现今依靠团体力量制胜的年代，自然离不开这样的要求：那就是我们必须忠诚于自我所在的团队。只有当我们忠诚于自己所在的企业，才能尽职尽责地将工作做好，因为只有这样，我们才能将公司的事当作自己的事去做，才能肩负起自己所应当承担的责任，并且积极主动地将工作做好，在公司获得发展的同时，才能使得个人的理想得以实现，价值得到体现。任何一家企业的老板都喜欢这样的员工，并且也只有像这样的员工才能在现今竞争激烈的职场环境中，立于不败之地。

当然，很多人的“不忠诚”往往是以借口的形式出现的。比如领导者要某位团队成员挖成某事，但是这个人并不想为团队付出，于是就编出一系列的借口来推辞，其实，这也是一种不忠诚的表现。所以说，借口与忠诚无缘。忠诚的人，往往执著于某种追求、某种信念，甚至可以为此付出自己的一切，包括宝贵的生命。他们不但不会借助于借口逃避责任，反而会主动应战，迎难而上。他们强烈鄙视那些临阵脱逃的懦夫，坚决抵制任何虚假的借口。所以，有了忠诚，借口就会离我们越来

越远，只有这样，才能不断吸取力量，积蓄力量，成功也才能越来越近。

不可否认，总会有一些蔑视忠诚的人，他们常常在干活的时候马马虎虎，懒懒散散，做一天和尚撞一天钟，目光短浅，不求上进；或是说长道短，牢骚满腹，指桑骂槐，阳奉阴违，不遗余力中伤毁谤他人，指责老板；心思不在工作上，计较的只是个人的工资薪水；还有的人总是这山望着那山高，频繁跳槽，转换门庭，两手一甩，一走了之，有的甚至不辞而别；更有甚者竟然把公司的内幕乃至商业秘密泄露给他人，出卖给他人。试想一下，当一个人将他大部分的时间与精力都消耗在这些是是非非、吹毛求疵、钻营取巧上的时候，他的工作本身怎么可能会取得进展呢?

更为可笑的是，如果有人指出他这样的行为是对公司企业不够忠诚的话，他还会振振有辞地辩解："忠诚有什么用呢？我又能得到什么好处呢?"事实上，忠诚并不是为了增加回报的砝码，如果是这样，就不是忠诚，而是交换。我们应该明白，在这个世界上，并不缺乏有能力的人，但那种既有能力又忠诚的人，才是最理想的人才。人们宁愿信任一个虽然能力差一些却足够忠诚敬业的人，也不愿重用一个朝三暮四、视忠诚为无物的人，哪怕他能力超群，难道不是吗?

曾有人在全球著名企业家中间做过这样的调查："你认为，员工最重要的素质是什么?"几乎所有的企业家都一致认定：忠诚。因此，这就要求我们要像很多人那样将忠诚摆在首要的位置，可以这样说，只有忠诚于事业的人，才会取得事业上的辉煌与发展，也只有忠诚于企业的员工，才能在企业的发展中实现自我的价值。

【狼性团队说】

对于一个团队来说，只有团队成员对它保持忠诚，它才能获得稳定，才能获得发展；从另外一个角度来说，只有团队成员保持忠诚，这个团队才是一个优秀的团队。特别是在随处都充满诱惑的今天，忠诚在优秀当中的比重也就更大了。

需要“狼心狗肺”的忠诚

无论是狼心，还是狗肺
都是一种忠诚的代名词
对于狼群来说
就是需要这样的忠诚
否则
一切都将成为泡影
……

——【狼性宣言】

面对一些不忠诚的人，我们往往会以“狼心狗肺”来形容。其实，对于狼和狗来说，这是不公平的。因为无论是“狗”还是“狼”，都是极其忠诚的动物。狗对人忠诚，而狼则对自己的狼群忠诚。

说起狼群的忠诚，草原上的牧民们都深有体会，特别是红嘴狼领地附近的牧民就曾经见识到了狼的忠诚。

有一次，一个狼群偷袭牧民的羊圈，其中有一条狼被埋伏在羊圈周围的“捕狼器”夹住了一条腿。“捕狼器”好比我们平常见到的“捕鼠器”，是用铁打造的，上面有尖尖的铁齿，一旦被夹住，一条腿非断既残。这条狼在被夹住的时候，巨大的疼痛使得它发出了惨烈的嗥叫声，这既是难忍的疼痛叫声，也是提醒自己的伙伴要小心的警惕声。果然，听到这条狼的惨叫之后，狼群没有再向前一步，而是想方设法帮助这条狼从“捕狼器中”挣脱出来。巨大的声响惊醒了附近的牧羊犬和牧民，他们纷纷朝羊圈冲来。

这是一个万分紧急的时刻，如果现在这些狼全部离开这条受伤的狼逃走，则失去的仅仅是一条狼，但是如果现在它们还围在这条受伤的狼周围，等到牧羊犬、牧民围上来的时候，损失可就难以估计了。该怎么

办呢？被夹住的狼腿一下子挣脱不出来，而牧民、牧羊犬正往这边冲，眼看就要被抓住，这条狼发出了惨烈而又浑厚的嗥叫声，催促狼群离开自己，逃到安全的地带。

可是狼群不愿意放弃它，还在帮助它挣脱。无奈之下，这条狼回过头，狠狠地咬了受伤的腿一口，硬是把它给咬断了，顿时鲜血直流。可是它忍住伤痛，催促狼群一起离开。可是就在狼群往前狂奔的时候，这条狼却突然改变了方向，向着狼群相反的方向狂奔。原来，它还是不愿意拖累狼群，利用自己身上的血腥味，吸引牧羊犬来追捕自己，而不是去追捕整个狼群。

就在这个狼群的头狼发现受伤之狼的行动之后，发出了震撼人心的嗥叫声，似乎是在哀悼这条受伤的狼，又似乎是想把牧羊犬吸引过来，给受伤之狼一条活路。就在此时，牧羊犬来到了"捕狼器"前，不知道该如何追捕好，一面是受伤的一条狼，一面是群狼。此时牧民也赶到了羊圈旁，见到这一切之后，深深地为之动容，并且果断地下令牧羊犬停止追击，因为他也知道，和一群如此团结的狼争斗，对牧羊犬没有一点好处。趁现在还没有损失，见好就收吧。

就这样，受伤的狼躲过了牧羊犬的追捕，整个狼群也转危为安。一个月之后，牧民再次发现了这个狼群，其中一条狼用三条腿走路，而每次，它总是被狼群包围在其中，大有"完全保护"之势。当然，这也是狼群对这条受伤之狼的忠诚。

从这件事情当中，牧民们终于知道了什么叫"狼心狗肺"的忠诚。狼为了表示自己对整个狼群的忠诚，甚至连生命都可以不要。

从这条受伤狼的身上我们可以看到，如果你是忠诚的，你就会成功！忠诚给你带来信念、拼搏的精神、韧性、持之以恒的努力……忠诚是凝聚生命激情的一种黏合剂，他让你强大而且坚硬。在忠诚敬业的面前，所有的困难、挫折都成为一种挑战的快感。这个时候，对于你而言，借口是荒谬的、不可理喻的，而抵达成功的彼岸也只是时间问题，等待你的是享受成功的快感！

对于忠诚，表现最为明显的大概要属那些在战争时期矢志不渝的国家英雄了。他们总是在生死存亡的时候，以他们的忠诚赢得国家和人民的尊重。想起他们，我们心里都不禁涌起一阵敬仰之情，为我们的英雄感到骄傲。但英雄并不是神话，英雄其实也是平凡的，对于你也一样，如果你是忠诚的，你就会成功，你就会成为你所在企业的英雄。

在当今这个忠诚越来越稀少的社会里，忠诚成为人们迫切的需要。企业的发展和壮大都需要靠员工的忠诚来维护。如果所有的员工对企业都不忠诚，那么，企业必然走向破产，那些不忠诚的员工自然也会失业。只有所有的员工都对企业忠诚，企业才能走向成功，员工才能发挥团队精神，拧成一股绳，劲往一处使。也只有忠诚，才能使员工充分发挥自己的潜力，在各自的岗位上奋发进取，和自己的企业一起成功。

为什么每个公司都只保留那些最佳的员工——对企业忠诚，具有敬业精神的员工。这就是为什么许多公司在招聘员工时，除了能力之外，都要考虑个人品行的原因。其实它强调的就是忠诚。没有品行的人不能用，也不值得培养，因为他们缺乏忠诚。

一位总裁说过："我的用人之道一个很重要的标准就是忠诚。当我们争论一个问题时，忠诚意味着你把自己的真实想法告诉我，不管你认为我是否喜欢它。意见不一致，在这一点上，让我感到兴奋。但是一旦做出了决定，争论终止，从那一刻起，忠诚意味着必须按照决定去执行，就像执行你自己做出的决定一样。"

现代企业的经营风险比传统企业更大，作为员工有义务对企业所做的决定提出自己的真实想法，以及灵活地执行企业的决定。一个人无论他的级别高低，当他能够为整个公司的利益敢于发表自己的想法时，他的勇气和忠诚值得让人钦佩。

如果你对于企业即将执行的决议有不同的看法或者认为这个决议有一定的缺憾，而这一点可能正是企业经理所忽视的，那么你有义务和责任提出你的真实想法。相反，如果你不提出来，这正是你的不负责任和对企业的不忠诚，因为你没能把企业真正当成自己的企业。如果你是因为自己的职位太低或者自己只是一名普通的员工才没提出来，那么，可以告诉你，这根本就不是理由。因为一个真正忠诚于企业的员工，会时常为企业的兴衰担忧，甚至为此据理力争。没有人会嘲笑一个为企业利益着想的人，而且，你的老板会为你的忠诚感到骄傲。

当你发现或认为领导者的指示有误，可以通过委婉的方式向领导者反映或提出建议，如果一时难以协调，则暂时保留意见，但不可以在行动上采取消极态度，或拒绝完成任务。在提意见时还要注意申明理由，

提出改进措施，供领导者决策时参考。

员工的忠诚与老板的爱护是相互的。聪明的老板会致力于营建一个制度健全、管理公正的公司，会给予所有员工公平竞争的机会。只有这样，员工才会觉得自己是公司的主人，才会觉得自己和公司是一体的，才会认真而慷慨地忠诚于公司。

忠诚是一种特质，能带来自我满足、自我尊重，是一天 24 小时都伴随我们的精神力量。忠诚是一种信仰，它可以引导无形的自我，在不断的付出中获得财富、名声和荣誉。

忠诚和努力是融为一体的。它鼓舞了我们前进的信念，激发了我们奋斗的动力，赐予了我们克服困难的勇气，开掘了我们无穷的智慧，增强了我们实现自己愿望、接近自己目标的能力。

忠诚是人类高贵的美德之一。正是忠诚，推动了人类一次又一次前进的步伐；正是忠诚，帮助人类取得了一次又一次的进步。忠诚的人，得到人们永恒的敬意与由衷的喜爱。忠实于自己的公司，忠实于自己的老板，与同事们同舟共济，荣辱与共，将获得一种集体的力量，事业就会变得更有成就感，工作就会成为一种人生享受，人生就会变得更加丰富精彩。相反，那些表里不一、言而无信之人，整天陷于尔虞我诈的复杂的人际关系中，在上下级之间、同事之间玩弄阴谋以夺得利益，即使一时得以升迁，取得一点成绩，但终究不是令人愉悦的事业和理想的人生，最终受到损失的还是自己。

对于企业来说，忠诚能带来效益，增强凝聚力，提升竞争力，降低管理成本；对于员工来说，忠诚能带来安全感。因为忠诚，我们不必时刻绷紧神经；因为忠诚，我们对未来充满信心。

忠诚不是凭口说的，需要付诸行动，需要经受考验。不管企业是大是小，是正处于运营的高峰还是岌岌可危；也不管你的目标是多么高远，你努力的最终成效会是怎样，你对自己的工作都应该全心全意地去做，自觉维护你这一职责所代表的利益，虽然多数时候那并不是属于你个人的利益。同时，你还应该积极自觉地学习与你的职责有关的知识，不断提高你自己的技能，以使你的工作做得更好。不要为了私心去找借口，而应真正以企业为家，真正关心企业的兴衰成败，认真思考企业的经营发展之道，将自己的全部身心奉献给企业，将自己彻底融入企业，为自己能够为企业添砖加瓦，能够使企业发展壮大而自豪。

可以这样说，一个人的职业素质和道德修养就是这样被集中体现出来的。而且，忠诚的人是不会将职位的高低和薪金的多少与自己的忠诚度划上等号的。你要始终记住一句话，那就是：只要你是忠诚的，那么你就一定能够成功！而当你成功的那一刻，职位的高低与薪金的多少还是需要你来担心的事情吗？

【狼性团队说】

一个人对团队是否忠诚，不仅仅关系到这个人的成败，而且也体现着这个人的职业素养和道德修养。一个忠诚的团队成员不仅仅会主动承担自己的责任，而且还会为团队付出自己的一切。也只有每个人做到这样，团队才能获得发展、获得成功。

以奉献的心态面对工作

一条狼
可以为了整个狼群
慷慨赴死
一条狼
无论身在何方
始终在为狼群默默奉献
也正因为如此
身躯不大的狼
成了茫茫草原的图腾
人们所瞻仰的
并不是狼的力量
而是狼的心态
……

——【狼性宣言】

一个狼群、一条狼的表现让牧民改变了对狼的整体看法。虽然有时候狼会侵犯自己的羊群，但是在牧民们心目中，狼是最值得学习、钦佩的动物。现在他们也开始理解为什么草原牧民将狼作为自己民族图腾的原因了。在很多方面，狼做得比人好，做得比人还能感动人……它们对狼群的忠诚，已经超越了单纯的忠诚，其中夹杂着奉献的精神。

其实，狼对狼群的奉献不仅仅体现在这种危急时刻，而且也体现在平常的狩猎、围捕之中。平常我们看到的狼群几乎每时每刻都在玩耍，消闲度日。而实际上狼一个种很敬业、很勤奋的动物。它们不仅仅是以奉献的行动来挽救狼群于危险之中，也以奉献的心态来面对自己的工作——捕猎。在红嘴狼群最新组建的“超级猎杀团队”之中，就有这样两条狼。

这两条狼，一条是灰色，一条是黑白相间，是狼群中的壮年狼。是狼短暂的一生捕猎状态最好的时期，过了壮年时期，狼也就进入了老年时期，那个时候，这些狼就该“退休”了。这两条狼似乎知道这一点，在成为“超级猎杀团队”成员的时候，它们总是以饱满的热情来对待优秀猎物对“超级猎杀团队”进行的“优秀培训”，此时这两条狼在团队之中担任围捕扑倒的职责，每次发动攻击之后，这两条狼总是以最快的速度冲向猎物群，并且以为最大力量撞向猎物。

我们都知道，在捕猎的时候，狼群有时也是要面对危险的，特别是在和野马群交锋的时候，这种危险性就更大。一般在遇到狼群攻击的时候，野马群会在头马的带领下，把小野马和怀孕的母马围在中间，成年的公马和其它的马则自动头朝里，尾巴朝外围成一个圈。如果狼群上来攻击，这些围在外面的野马就会扬起自己的后蹄踢向狼群，任何一条狼，如果被野马的蹄踢中，非死即伤。

可是即便是遇到这样的情况，这两条狼还是会想方设法攻击马群，它们往往会一跃而起，避开野马群扬起的后蹄，直接冲到马群围起的圈子中间攻击小野马或者其他野马。这些野马虽然在狼群发动攻击之前会团结一致，可是一旦看到一条狼冲到了中间，就会立刻变得大乱，纷纷逃窜。这样狼群也就有了机会。

面对这两条狼的行为，我们除了赞叹它们的聪明之外，还能从它们的身上看出了奉献心态对工作所产生的积极影响。只要一条狼冲进去了，那么狼群也就能冲进去了。这和我们日常工作中的团队一样，只要有一个人奋力地工作，那么，其他的成员也会纷纷效仿，这个团队的整体执行力就能获得提升。自古以来，在人类历次伟大的进步中，无不涌现出具有奉献与牺牲的高贵精神的勇者，他们以高昂的姿态被载入史册。如果你也是以奉献的姿态拥抱工作和生活，那么就一定可以激发你身体的潜能，让你充满着激情和斗志。

梅特林克先生来到一家进出口公司工作后，晋升速度之快，让周围所有人都惊诧不已。一天，梅特林克先生的一位知心好友，怀着强烈的好奇心，询问他为什么能升职这么快？

梅特林克先生听后无所谓地耸了耸肩，用非常简短的话答道："这个嘛，很简单。当我刚开始去杜兰特先生的公司工作时，我就发现，每天下班后，所有人都回家了，可是，杜兰特先生依然留在办公室内工作，而且一直呆到很晚。"

"另外，我还注意到，这段时间内，杜兰特先生经常寻找一个人帮他把公文包拿来，或是替他做些重要的服务。于是，我下了决心，下班后，我也不回家，呆在办公室内。虽然没有人要求我留下来，但我认为我应该这么做，如果需要，我可为杜兰特先生提供任何他所需要的帮助。就这样，时间久了，杜兰特先生就养成了有事叫我的习惯，这就是事情的经过。"

其实，这就是一种奉献的心态。具备这种心态并获得成功的人还有很多，亨利·瑞蒙德就是其中之一。

亨利·瑞蒙德在美国《论坛报》做责任编辑时，刚开始时他一星期只能挣到 6 美元，但他还是每天平均工作 13 ~ 14 个小时。往往是整个办公室的人都走了，只有他一个人在工作。"为了获得成功的机会，我必须比其他人更扎实地工作，"他在日记中这样写道，"当我的伙伴们在剧院时，我必须在房间里；当他们熟睡时，我必须在学习。"后来，他成为了美国《时代周刊》的总编。

同样，美国著名出版商乔治·齐兹 12 岁时便到费城一家书店当营业员，他工作勤奋，而且常常积极主动地做一些分外之事。他说："我并不仅仅只做我份内的工作，而是努力去做我力所能及的一切工作，并且是一心一意地去做。我想让我的老板承认，我是一个比他想像中更加有用的人。"

在一个公司或者企业，如果能够本着一种奉献的心态，是一种作为主体的态度去工作，那么，就说明你不再被动地跟着工作走，而是带领着工作走。这其实是激发生命潜能的最好方法。

马克思说过："如果一个人只为自己劳动，他也许能够成为著名学者、大哲人、卓越诗人，然而他永远不能成为完美无疵的伟大人物。"相反，如果一个人甘为人类、为社会作贡献，那么，即使他只是一个平凡的小人物，也会被人所崇敬、所爱戴。

虽然现在的企业都在谈论执行力，都知道执行力对一个企业团队成败起着巨大的作用，但是如何才能真正地使得自己的企业拥有强大的执行力呢？却很少有人能有一个比较清晰的认识。但是，从红嘴狼群以及其它一些狼群的身上我们可以得到一个较为清楚的答案。答案是什么呢？

要想拥有强大的执行力，就必须拥有强烈的责任感与使命感、懂得为团队奉献自己的力量。这两点的强弱跟执行力的强弱是成正比的。当然，要想让团队成员做到这一点，团队领导者必须以身作则，做好榜样。

很可惜，在现今竞争激烈的市场环境中，许多企业团队的领导与管理者，对此却有所忽略，反而忘本逐末的希望通过其他一些方法去强化企业的执行力。这也正是，为什么许许多多的企业虽然采取了很多的方法和策略去提升自我的执行力而效果甚微，甚至是没有任何效果的原因所在。现在，我们已经找到了怎样去提升企业执行能力的内核，也让我们知晓了责任感与使命感对执行力的作用。那么，我们就能够以此行之有效的去提升企业团队自身的执行力了。

【狼性团队说】

团队不仅仅是团队领导者的团队，更是团队成员的团队。只有明白了这一点，团队成员才会懂得为团队贡献自己的力量，奉献自己的所有，为团队的成功鞠躬尽瘁。

第六章

猎杀能力最为关键

狼群的生存是实实在在的，容不得半点的虚假。为了达到这个目的，狼群就必须得磨炼自己的猎杀能力。只有拥有猎杀的能力，才能将猎物变成自己的美餐、延续自己的生命。作为团队，不管其目标怎样的崇高远大，但是要使得团队将目标变成现实，在竞争中获得良好的生存与发展，其中最重要的一点，要看团队中的成员有没有将目标变成现实的能力。因为，所有的一切都是做出来的，并非是说出来的。

完美的猎杀源于训练

完美的猎杀并不是天生就有的
而是需要后天训练的
对于狼群来说
每一次的猎杀都是一次训练
利用好这些机会
就等于延续了自己的生命
……

——【狼性宣言】

随着红嘴狼群“超级猎杀团队”训练的深入，冬季的暴风雪开始降临了。呼啸的北风不仅带来了暴风雪，还把雪花冰冻得坚硬无比。这样的雪花落在身上，不仅寒冷，而且疼痛，好在狼群在进入冬季的时候，已经换上了松软、厚密的毛发。这样的暴风雪打在它们身上还不算太疼痛。

可是，此时的红嘴狼心里却非常着急，因为它训练的“超级猎杀团队”才刚刚找到一点感觉，还没有完全熟练，如果现在就放弃，将会前功尽弃。现在该怎么办呢？红嘴狼陷入了沉思当中。每当狼群进入临时巢穴休息之时，红嘴狼总是站在巢穴外面，对着灰暗的天空，发出阵阵嗥叫声，任凭坚硬的雪粒落在自己的身上。渐渐地，夜深了，红嘴狼的身上也落了一层厚厚的积雪，它随即抖抖身，把积雪抖落，回头进了巢穴。

第二天一大早，红嘴狼就被外面的一阵吵闹声吵醒，它立刻冲出巢穴查看。原来是一群野马群路过自己的领地，往南边迁徙。这个马群不算大，大概有15匹左右的成年马，还有2匹小马被围在中间。

红嘴狼看到这些猎物，立刻作出决定，让自己的“超级猎杀团队”

出击。一来是为了获得更加深刻的实战经验，二来是检验近段时间来的训练成果。很快，“超级猎杀团队”在头狼的指挥下进入了预定位置，而充当“猎手”的两条狼更是把积雪扒在自己身上，以掩盖自己的身影。它们都伪装得如此逼真，如果不仔细看，还真的不知道，这些雪白的“棉被”下面，隐藏着刀光血影的杀机。

眼看着马群就要经过红嘴狼群埋伏的地方了，红嘴狼昂了昂头，发出了围捕攻击的命令。埋伏在周围的狼群听到命令声后猛然从“棉被”中窜了出来，嗷嗷地冲向了马群。几乎就在同一时刻，野马群的头马也发出了一阵长长的嘶叫，警告自己的马群保持警惕。瞬间，野马群已经作好了防御的准备——一个标准的野马圈，2 匹小野马被紧紧地包围了起来，成年马趁狼群迟滞的时刻，迅速地用自己的蹄子把周围的积雪踢得乱飞。就这样，狼群和马群中间出现了一圈“壕沟”。尽管这条壕沟并不是特别深，但是对于狼群的冲锋来说，已经造成了一定的影响。毕竟狼的身体并不高大，一旦落入壕沟之中，就等于把整个身体藏到了马群的蹄子之下，危险不言而喻。

面对这种情况，一般的狼群或许没有办法对付，会选择撤退，但是红嘴狼群并不是一般的狼群，它的“超级猎杀团队”就是专门对付捕猎过程中出现的“疑难杂症”的。此刻，红嘴狼已经有了对付的办法。它命令狼群中的其它狼在前面排成一排，就像一块跳板一样，而充当猎手的两条狼则从很远的地方开始冲刺，然后踏上由狼群组成的跳板，一个纵身起跳，这两条狼就像两发炮弹一样，飞了起来，而落地的地点正好是野马群的中心，就在落下的一瞬间，其中的一条狼狠狠地咬住了一匹成年马的马鬃，而另一条则咬住了另一匹马的脖子。咬住马鬃的那条狼随即放弃自己的猎物，转而帮助另一条狼咬住野马的脖子，两条狼就像两个布袋子一样，挂在野马的脖子的两边。顿时，野马的脖子鲜血直流。而此时的野马群已经出现了混乱，头马见自己的防御体制被破坏，便尖叫一声，留下一具野马的尸体，带领着自己的野马群逃窜开去。

红嘴狼群的“超级猎杀团队”成功了，这是一次超难度的猎杀任务，但是在整个狼群的通力协作中成功了。这意味着红嘴狼最近一段时间的训练并没有白费，“超级猎杀团队”并没有让它失望，特别是两条充当

"猎手"的年轻狼身上所体现出来的勇猛、机智更是让红嘴狼觉得欣慰：真不愧是我的孩子！

虽然这次成功了，但是红嘴狼并没有放弃对"超级猎杀团队"的训练，因为它知道，完美的猎杀源自于刻苦的训练，只有平时的刻苦训练，才能在猎杀场合发出威力。其实，对于狼群来说是如此，对于我们企业团队也是如此。要想在关键时刻发挥出自己的实力，就不能缺少平时的训练。

在人类社会的任何一个时代，不管是团队还是个人，要想在竞争激烈的环境中脱颖而出，创出一番事业来，都必须拥有一个坚实的基础，具有一定的能力。正如世界上最伟大的推销员的作者在他的另一本畅销书《卓越人士的7种能力》中所说的一样：如今的社会是一个依靠能力说话的时代。

虽说老板喜欢忠诚、敬业的员工，但是他们一定更加喜欢既忠诚、敬业又具有超强能力的员工。因为像这样的员工定能给企业带来更为客观的经济利润，试想一下，如果一个企业中所有的员工都是这样的，那么又何愁企业不能得到良好的发展呢？在企业得到发展的同时，作为企业中的一份子，我们个人的理想又怎能不得以实现，个人的价值又怎能不得到体现呢？这也就是说，我们每个人都应该自动自觉地加强自身的能力修炼，积极主动地去提升自我能力，当然，这自然离不开刻苦耐劳和诚心修身了。

【狼性团队说】

要想一个团队具备强大的竞争力，就必须利用一切机会对团队成员进行训练。就像狼群把每次猎杀都当作自己的训练机会一样，只有苦于训练，才能让自己变得优秀，才能在具体的实践当中做到完美。

在追逐猎物中历练

要想更快地追上猎物
咬断它的脖子
我们就必须经过刻苦的训练
把每一次的追逐当成历练的机会
这就是狼
……

——【狼性宣言】

对于狼群来说，除了头狼和母狼，其它的狼一生当中只做一件事情：在追逐中猎杀。在这些狼的一生当中，有80%的时间都在捕猎。当然，它们的捕猎技巧、猎杀能力都是在追逐猎物的过程中历练出来的。试想，红嘴狼群的“超级猎杀团队”如果没有平时的训练，在猎杀野马群的时候，又怎么会有如此强大的能力呢？

要知道，狼群的生存不仅仅需要猎物，还需要和自己的同类进行一系列的争斗，如果缺乏了平时的历练，很可能就会被这个世界所淘汰。其实企业也是如此，不管团队领导者的理想和抱负有多大，如果没有战胜对手的能力，同样也会被对手所消灭。而在今天这个竞争激烈的社会环境中，对身在职场中的我们来说，如果要想获得更好的生存和发展，就必须不断地学习，提升自我的能力，才能为所在的公司创造出一定的业绩。

事实表明，那些既能跟老板同舟共济，又业绩斐然的员工，是最令老板倾心的员工。如果你在工作的每一阶段，总能找出更有效率、更经济的办事方法，你就一定能够提升自己在老板心目中的地位。你将会被提拔，会被实际而长远地委以重任。因为出色的业绩，已使你变成一位不可取代的重要人物。如果你仅仅忠诚，总无业绩可言，尽

忠一辈子也不会有什么起色，老板也不会重用你，因为受利润的驱使，再有耐心的老板，也很难容忍一个长期无业绩的员工。所以，抱有“我尽忠职守，不浪费公司资源”观念的员工，是最愚蠢不过的了。届时，即使你忠贞不二，永不变心，老板也会变心，甘愿舍弃有忠诚而无业绩的你，留下那些忠心且业绩突出的员工。

不要责怪老板薄情寡义。企业经营的目的就是要获取高额利润。这是企业得以发展的根本。所以，老板看重忠诚，更看重业绩，因此，身在职场中的我们就要不断地学习，提升自己的工作能力，只有这样我们才能为公司创造出更好的业绩，才能使得自己立于不败之地。

老板希望自己的员工能创造出伟大的业绩，而绝不希望看到员工工作卖力却成效甚微。即使你费尽了全部的气力，却做不出一点成绩，那也是没有用的。任何一位有进取心的老板都希望自己的员工能干并且会干，如果自己的属下都属于平庸之辈，那么，这位老板肯定会倍感苦恼。

你有没有想过，如果是在公司里面做事，那你是不是融资高手，是不是购并专家，是不是投资理财的神奇人？如果是在传媒里做事，那你是不是那个最敏锐的发现者？你是不是那个点子出来满堂彩的资深编辑和记者呢？如果你是在机关里面做事，你是不是最能给领导写发言稿不用修改的那支笔杆子呢？即使你再忠心耿耿，但是你没有能力帮助公司、老板解决一定的问题，给企业创造出一定的业绩，你同样会被激烈而残酷的竞争所淘汰。

所以，我们要想在这个世界中获得更好的生存和发展，就一定要具有不断学习、再学习，不断提升自身能力的精神与意志。只有当你真正有能力创造出出色的业绩，才是你立于不败之地的真正王牌。所以在工作中，你不仅仅要对企业和老板有着绝对的忠诚与服从的精神，更应当积极主动去想方设法提高自己的工作能力，从而创造出更好的工作业绩。亚德里恩就是这样一个深受老板喜欢的员工。

亚德里恩是巴黎一家五星级大酒店后厨部的小厨师。他并不英俊，而是憨憨的，谁都可以说他两句，他都照单全收，不会嘟着嘴说什么。他没有什么特别的长处，做不出上得了大场面的菜，所以他在厨部里只能当下手。但是他会做一道非常特别的甜点：把两个苹果的果肉都放进一个苹果中，那个苹果就显得特别丰满，可是外表上看，一点儿也看不出是两个苹果拼起来的，就像是天生长成了那个样子似的，而果核都被巧妙地去掉了，因此，吃起来也特别香。

一次，这道甜点被一位长期包住酒店的贵夫人发现，她品尝后，十分欣赏，并特意见了会做这道甜点的亚德里恩。这个一直不被人重视的憨小伙子激动地表示，他将再接再厉以不辜负夫人的赏识。贵夫人虽然长期包了一套最昂贵的套房，一年中加起来也只有不到一个月的时间在这里度过。但是，她每次到这里来，都会指名点那道亚德里恩做的甜点。

酒店里年年都要裁去一定比例的员工，在经济低迷的时候，裁员的规模也就更大。但是，不起眼的亚德里恩却年年风平浪静，就像有特别硬的后台和背景一样。后来，酒店的总裁告诉他，那位贵夫人是他们最重要的客人，而他，可爱的亚德里恩，显然就是酒店里不可或缺的人。

从亚德里恩的经历中不难看出，要想不被人代替，就必须要不断地学习、再学习，不断加深自我能力的修炼，当然，还要让自己有一手独家的绝技。当你的资源别人没有时，那么这就是你在职场上存在的理由，这也是你能够安身立命的资本。一定要掌握一门专业，没有专业，在职场就是可有可无的人，如果再做什么人都可以做的事情，那就是那种无论在什么时候什么人都可以顶替的人了。

【狼性团队说】

狼要想获得更好的生存机会，就必须在追逐猎物的时候历练自己的能力。其实团队成员也是一样，要想更好地发挥自己的能力、体现自己的价值，就必须在每次的工作当中历练自己、积累经验。只有这样，你才有资本去打败别人。

能力同样会折旧

猎物在变
季节在变
时间在变
地点在变
……
一切都在变
要想捕获猎物
我们就必须跟着变
固守以往的能力和模式
只有一个结局：被淘汰
……

——【狼性宣言】

随着时间的推移，蒙古草原上的暴风雪越来越厉害了，甚至连着几天几夜地下。红嘴狼知道，这是进入了最寒冷的冬天了，熬过了这段时间，一切都将变好了。可是话虽这么说，越来越大的暴风雪终于在一天早上把狼群的临时巢穴压塌了，幸好临时巢穴上面没有多少泥土，否则很可能造成狼群的损失。

无奈之下，红嘴狼决定带着自己的狼群回到那个能容纳 30 条狼的天然洞穴之中去。虽然为了生存，狼群搬迁是极其常见的事情，但是有一点是狼群不得不面对的：每改变一个地方，捕猎的地形也就跟着变化，那么对于狼群捕猎的要求也跟着变化。

这不，就在红嘴狼群准备迁徙回天然洞穴的路途中，狼群和一个羚羊群相遇了，这样好的捕猎机会岂能放过？红嘴狼马上下达了准备攻击的命令。

等狼群全部埋伏好之后，总攻开始。就在狼群准备把羚羊群往预定埋伏地点赶的时候，羚羊群却早有知觉似得，愣是突破了狼群的围捕防线，向着相反的方向跑了。这次捕猎失败给红嘴狼敲响了警钟：狼群的捕猎能力同样是会折旧的。猎物群的逃生能力在提高，那么，狼群的捕猎技术也要跟着提高。否则，这个狼群只有被淘汰的份。

能力是我们身在职场创造价值的最坚实的基础。但是，我们要记住的是，并不是只要掌握了一定的知识技能之后，就可以凭借着自己所拥有的知识和技能在竞争激烈的职场中立于不败之地了，我们必须明白一点，那就是：随着岁月的流逝，你赖以生存的知识、技能也一样会折旧。在风云变幻的职场中，脚步迟缓的人瞬间就会被甩到后面，如果你是工作数年自认为是“资深”的员工，也不要倚老卖老，妄自尊大，否则很容易被淘汰出局，那时候即使你是老板眼前的红人，他也会为了公司的利益，逐你出局。

美国职业专家指出，现代职业半衰期越来越短，所以高薪者若不学习，无需 5 年就会变成低薪。

就业竞争加剧是知识折旧的重要原因，据统计，25 周岁以下的从业人员，职业更新周期是人均一年零四个月。当 10 个人只有 1 个人拥有电脑初级证书时，他的优势是明显的，而当 10 个人中已有 9 个人拥有同一种证书时，那么，原来的优势便不复存在。在未来社会只有两种人：一种是忙得要死的人，另外一种是找不到工作的人。

所以，不断地学习才是最佳的工作保障。

在职场上奋斗的人必须要积极主动的去学习，因为要想在当今竞争激烈的商业环境中胜出，就必须学习从工作中吸取经验、探寻智慧的启发以及有助于提高效率的资讯。在这一点上，彼得·詹宁斯就做得很到位。

年轻的彼得·詹宁斯是美国 ABC 晚间新闻的当红主播，他虽然连大学都没有毕业，但是却把事业作为了他的教育课堂。最初他当了 3 年主播后，毅然决定辞去人人艳羡的主播职位，决定到新闻第一线去磨炼，干起记者的工作。他在美国国内报道了许多不同题材的新闻，并且成为美国电视网第一个常驻中东的特派员；后来他搬到伦敦，成为欧洲地区的特派员。经过这些历练后，他又重新回到 ABC 主播的位置。此时，他已经由一个初出茅庐的年轻小伙子成长为一名成熟稳健而又受欢迎的记者了。

所以，不论是在职业生涯的哪个阶段，学习的脚步都不能稍有停歇，要把工作视为学习的殿堂。你的知识对于所服务的公司而言可能是很有价值的宝库，所以你要好好自我监督，别让自己的技能落后于时代的脚步。

通过在工作中的不断学习，你可以避免因无知滋生出自满，损及你的职业生涯。另外，很多有规模的公司都有自己的员工培训计划，培训的投资一般由企业作为人力资源开发的成本开支。而且企业培训的内容与工作紧密相关，所以争取成为企业的培训对象是十分必要的，为此你要了解企业的培训计划，如周期、人员数量、时间的长短，还要了解企业的培训对象有什么条件，是注重资历还是潜力，是关注现在还是关注将来。如果你觉得自己完全符合条件，就应该主动向老板提出申请，表达渴望学习、积极进取的愿望。通常老板对这样的员工是非常欢迎的，因为这对公司的发展是有好处的，同时技能的增长也是你升迁的能力保障，当前，有很多公司也都是在接受培训的员工名单中提拔管理层人才。

假如在公司不能满足自己的培训要求时，你也不要闲下来，可以自己额外出资接受“再教育”。当然首先应是与工作密切相关的科目，其他还可以考虑一些热门的项目或自己感兴趣的科目，这类培训更多意义上被当做一种“补品”，在以后的职场中会增加你的“分量”。

随着知识、技能的折旧越来越快，若是不通过学习、培训进行充电，适应性必将会越来越差，而老板总是时刻把目光盯向那些能够迅速掌握新技能、能为公司提高竞争力的人。

新世纪的经济发展已经表明，未来的职场竞争将不再是知识与专业技能的竞争，而是学习能力的竞争，一个人如果善于学习，他的前途会一片光明，而一个良好的企业团队，也要求每一个组织成员都是那种迫切要求进步、努力学习新知识的人。

【狼性团队说】

这是一个飞速发展的时代，每天都在不断地淘汰和被淘汰。对于狼性团队的成员来说，他们要想不被淘汰，唯一的秘诀就是不断地学习、不断地提高自己的捕猎能力。要知道，只有不断地进步，你才有能力和机会去淘汰别人，而不是被淘汰。

每一次猎杀都是学习机会

狼，不仅牙齿会退化
捕杀的能力也会退化
原因只有一个
猎物在进步
狼群，要想获得猎物
就得把每一次的猎杀当成机会
学习的机会、生存的机会
……

——【狼性宣言】

既然自己的捕猎能力已经出现了“折旧”情况，而要想生存下去，最好的也是唯一的办法就是不断地学习、不断地练习、超越自己。把每一次的猎杀都当成是学习的机会、当成训练的机会，好好体会其中的技巧、猎物的心理等。这就是红嘴狼群在这次猎杀羚羊失败时获得的启示。

只有不断地努力学习，才能让自我能力得到不断的提高，这是狼群中每条狼都坚定不移的信念，他们有着积极主动的学习精神，并且无时无刻不在学习。然而，令人遗憾的是，时至今天，我们许多人仿佛对学习知识，提升自我的技能有所忽略，以至于常常会看见那些天分颇高的人，一生只做些平凡的事。为什么会出现这种情形呢？其原因就是在于他们的天分虽高，却没有受过充分的训练和栽培，更没有意识到自己该有的进步。他们熙来攘往，所看到的只是月底领的薪水，以及领到薪水以后的几天中的快乐时间，结果他们的一生总是显得微不足道。

知识就是力量。只要我们能够将学习当成一种习惯，便可以利用 10 分钟时间读一些书籍，在自修上下几分功夫，这就足以帮助我们在事业上取得进一步的成就。纵观那些成功人士，其实在他们成功的早期，大多也都

是年薪很低，工作很苦，但他们却会利用其闲暇的时间，自修自习以求上进，甚至较之他们在日间的工作更为努力。在他们看来，薪水并不是大事，而追求知识、要求进步才是真正的大事。这样的人，能不成功吗?

一个人愈能储蓄则愈易致富。你愈能求知，则你愈有知识。你能多储一份知识，就足以多丰富你的一分生命。这种零星的努力，细小的进益，日积月累，绝对可以使你于日后大有收益，使你活得更为充实、更为丰富，当然，这也能给你足够的应对人生的力量。

可以这样说，孜孜以求自己的进步的精神，是一个人的“优越”的品质，也是一个人“胜利”的基石。

只要能够知道，一个人怎样度过他的工休时间，怎样消磨他的浪漫的秋日黄昏，那么就可预言出他的前程会怎样。

有的人或许以为利用闲暇的时间来读书总得不到多大的成绩，其成绩总不能与学校教育相等，因而不想在闲暇的时间读书。这无异于一个人因为自己进款不多，以为即使尽量储蓄，也不能致巨富，所以一有金钱，尽数挥霍，不稍储蓄！这实在是令人可悲的想法，因为他们居然没有意识到，有许多人就是因为利用了零星的闲暇时间而求得了与学校教育相等的教育，才得以取得最后的成功。

教育的实用之高，对于我们人生历程的重要性，无过于今日。生活竞争日趋剧烈，生活情形日益复杂，所以你必须具有充分的学识，受充分的教育训练以作为你的武器。

我们大多数人的问题，就在一心希望在顷刻之间成就大事。其实事情是要渐渐成就的。我们应该不断地努力读书自修，不断地充实我们的知识宝库，渐渐地推广我们知识的地平线。

将自己的闲暇时间，换来种种宝贵的知识——知识是可以给予我们能力，使我们得以上进——这种机会难道你能不知轻重地把它抛弃吗?

一个没有书籍、杂志、报纸的家庭，等于一所没有窗户的房屋。小孩子常常接触书本，则自会培养出读书的兴趣，自会在不知不觉之中摄取其中的许多知识。时至今日，几乎每个家庭都不可能没有书籍。家庭的藏书在古代是一种奢侈，在现代却已经是一种生活的需要。

耶鲁大学的校长海特莱曾经说：“各界的人，如商业界或产业界中人，都曾告诉我：他们最需要、最欢迎的大学生，就是那些有选择书本的能力及善用书本的。而这种选择书本与善用书本的能力的最初养成，最好是在家庭中——具备着各种书籍的家庭中。”

一个天资比较高的儿童，只要常有接触书、使用书的机会，就一定能从书本中摄取丰富的知识。

凡是家庭中备有不少辞典、百科全书以及其它种种有益的书籍的，其儿童往往会在不知不觉之间得到充实和教育。这种教育的代价，只是书籍的准备，要比学校教育所需费用的代价便宜十倍以上。书籍可以使家庭布置得幽雅、美观，使儿童乐于待在家中。而那些忽略教育设备的家庭，他们的儿童会厌恶家庭，喜欢到外面乱闯，以致陷入种种危险之中。

家庭是一个人接受最主要的生活训练的地方。在家庭中，我们养成习惯，形成志趣，而这些习惯、志趣，将影响我们的一生。

穿褴褛的衣服、破旧的鞋子，这都不要紧，但千万不要在购买书籍上过分节约。假使你不能使你的子女受高等教育，你就应供给你的子女以必要的书籍，这将可以把你的子女从现在的地位提举到较高一级的地位上去。

无论一个人平时怎样忙碌，但总有很多的光阴是虚度或浪费掉的，则这些虚度的光阴假使能善于利用，则一定能生出大益处来的。

许多主妇从早到晚忙忙碌碌，在她们自己看来，她们是绝无读书阅报的时间了，然而假使她们对家庭事务的处理能彻底的系统化，则一定能得到不少的空闲时间。“秩序”、“系统”最能节省时间。所以我们做事，必须力求秩序化、系统化，以求在我们的日常生活之中节省出一部分时间来，用之于“自我改进”与生命扩大的必需——读书。

原哈佛大学校长艾略特曾说：“养成每天读十分钟书的习惯。这样每天十分钟，二十年之后，他的知识水平一定前后判若两人。只要他所读的都是好的东西。”所谓“好的东西”，即是为大家所公认的世界名著，不管是小说、诗歌、历史传记，或者其它种种。

大多数人都肯在自己所喜欢的事上留出相当的时间来。假使你真有求知之饥渴、自修之热望，你总会挤出时间来的。“苦无志耳，何患无时?”

团队中的每个优秀的成员都明白给自己“充电”的必要性，因此，自掏腰包接受“再教育”便成为了很多人选择进修的一种方式。当然进修的项目大多都是与工作密切相关的科目，除此之外还考虑了一些热门

的项目或自己感兴趣的科目，显然，他们清楚地知道，这类培训在以后的职场中会增加他们的“分量”。

每个人都知道，知识、技能的折旧速度显然是越来越快了，当然，这也就是说，如果不通过学习、培训进行更新，那么适应性自然也就会越来越差，也就更加容易被“淘汰出局”。

未来的职场竞争将不再是知识与专业技能的竞争，而会转变为学习能力的竞争，如果一个人善于学习的话，那么他的前途一定就会更加光明。

想要得到老板的喜欢，员工就应做一个像海绵一样的人，做到拼命吸收所在行业中的各种知识，“全面性、全时间”地学习，持续不断地进行自我成长。这样，才能更加精于自己所从事的领域，还可以竭尽所能地了解到专业领域的最新动向和知识。如果你能够像海绵一样源源不断地吸收着“水分”，那么你自然能够迎接变革的需求，圆满地完成老板交付的工作，从而更加受到老板的器重了。

因此，时刻都不要忘记多给自己“充充电”，要知道学无止境，只有活到老、学到老的人，才能真正赶上时代的步伐，才能像一些成功者那样在商场上取得一个又一个的胜利！

【狼性团队说】

正如狼群不能放过每次猎杀一样，团队成员也同样不能敷衍每次工作。要知道，一个人能力的增长、经验的增加都是在一次又一次的工作中积累起来的。如果你敷衍你的工作，那么你不但失去了这些成功的机会，而且还可能因为“知识老化”而被淘汰。

第七章

狼群也有狼群的纪律

任何一个狼群，都具备自己的纪律。只有明确的纪律，这个狼群的战斗力才会增强。团队是一个组织，而对任何一个组织来说，只有这个组织具有一定的规则，有着一定的纪律制度，才能保持这个组织行动的一致性，才能使得这个组织发挥出最大的竞争力与战斗力。

铁的纪律铸就铁的战斗力

虽然我们的身躯柔软
但是我们有着钢铁般的意志
头狼指挥到哪里
我们就扑向哪里
这就是狼群的规则
也是狼群战斗力的重点所在
……

——【狼性宣言】

狼群之所以有如此强大的捕猎能力、对自己的猎物乃至其他的竞争对手有如此强大的威慑力，原因就在于狼群是一群“铁军”，不仅有着明确的目标，而且还有着铁的纪律。头狼指挥到哪里，狼群的身影就扑到哪里，牙齿就撕咬到哪里。一条狼，要想在狼群中生存下去，很重要的一点：必须遵守这个狼群的纪律，听从头狼的指挥。

在红嘴狼还不是这个狼群头狼的时候，它就亲眼看到过自己狼群的一条狼因为不遵从头狼的命令，而被逐出狼群，最后落得被饿死的下场。那个场面的凄惨，红嘴狼至今还记得非常清楚。

那是红嘴狼还是一条小狼的那年冬天，天气也是异常寒冷，暴风雪没完没了地下个不停，似乎要把世界上的生灵全部冻死、饿死才肯罢休。天性倔强的狼群偏偏不喜欢被别人控制自己的命运，它们愣是在大雪纷飞的时候走上了猎杀的道路。因为它们知道，出去猎杀可能因为没有收获而被活活饿死、冻死，但是待在洞穴，也只有死路一条，与其死在等待的洞穴中，不如死在冲锋的路上。为了有效地保证狼群的安全，头狼决定把当时还是小狼的红嘴狼也带上，只要捕获猎物，就能当场充饥，而不至于在洞穴被活活饿死。就这样，红嘴狼随着狼群走出了洞穴，它第一次看到那么大、那么厚的雪，要不是有头狼在前面开路，积雪可以轻而易举地将红嘴狼埋没。

上天似乎是在眷顾它们，就在狼群出发没有多长时间，嗅觉相当敏锐的头狼就发现前面有一只羚羊的尸体，它估计也是因为积雪太厚，找不到食物，被活活饿死在这里的。可是正当狼群上去准备饱餐一顿的时候，意想不到的情况发生了：另外一个狼群出现了，很明显，它们也是奔着这只羚羊尸体来的。既然大家都想要，可是又不能都给，怎么办？只有一个办法：争斗。

双方很快摆开了架势，实力：7:6，红嘴狼这边实力稍强。就在双方狼群准备厮杀的时候，红嘴狼群这边出了状况，一条成年狼难忍食物对自己的诱惑，竟然私自离开狼群偷偷进食，这一下可把头狼激怒了，它狠狠地嗥叫了一声，那条狼始终没有回来，无奈之下，头狼发出了攻击的命令：6:6，实力正好相等，此时的红嘴狼就站在狼群的后面，眼睁睁地看着这一切发生。

因为大家都是为了食物而战，所以战争相当残酷，也相当激烈。最终，对方狼群被赶跑，食物留了下来，可是被那条成年狼吃得也剩得不多了。在赶跑对方狼群的刹那间，杀红了眼的头狼怒吼着冲向了那条私自离开狼群的成年狼，狠狠地撕咬了它，并且怒嗥着把它赶出了狼群。虽然那条成年狼一直在哀求头狼让它留下来，但是头狼高傲的脑袋从来就没有低下来过，对待那条成年狼的，只有尖锐的牙齿和凶狠的眼神。

一个星期之后，红嘴狼在洞穴门口发现了那条成年狼的尸体，硬邦邦的，肚子瘪瘪的。为了一顿食物，准确点说，为了能早点吃到食物，这条成年狼付出了自己的生命。狼群在为它惋惜的同时，也记住了一个道理：一个狼群如果没有纪律，那么这个狼群也就没有战斗力，即便狼的数量再多，也终究会被对方打败。

在那个大雪纷飞的傍晚，一切都发生得如此之快，令红嘴狼始料未及，它始终不明白，那条狼只不过是提前吃了食物，最多也只是惩罚一下，又何必做得这么绝呢？等到它当上了头狼之后，它才明白了当时头狼的良苦用心。

狼群有狼群的纪律，企业也有企业的规章制度、团队也有团队的守则。任何一个组织，要想获得超强的战斗力，就要求团队成员必须要遵

守团队的规章制度，只有铁的纪律才能铸造铁的战斗力。

第二次世界大战中，美军在卡塞林山口战役中惨败，第二军军长弗雷登道尔被就地撤职，巴顿临危受命，上级要求他在11天内将第二军整顿成为“一支能执行战斗任务的部队”。巴顿是在1943年3月6日正式接管第二军的，而战役的总指挥亚历山大将军把军事进攻的日期定在3月17日，也就是说，他只有11天的时间整顿军队，进行战斗准备。任务是十分艰巨的，但是巴顿没有给自己寻找借口推掉这个任务，而是无条件地服从了上级的安排，并积极地寻找执行任务的契机和途径。

根据自己多年的治军经验，巴顿认为，一支纪律松懈、军容不整的军队是不会有所作为的。因此，他决定从整顿军纪入手，采取“不民主和非美国的方式”，对这群“乌合之众”进行严厉整顿。

他首先从严格作息时间抓起，并以身作则。到任后的第二天早上7点钟，巴顿按照规定准时到食堂就餐，发现只有他的参谋长加菲来了。当即命令厨师马上开饭，1小时后停止就餐。并发布命令：“从明天，全体人员准时吃饭，半小时之内完毕。”由于巴顿抓住吃早饭必须准点这一环节，从而杜绝了军人上班迟到的现象。

接着，巴顿发布了强性的着装令。规定：凡在战区，每个军人都必须戴钢盔、顿带、打绑腿，后勤人员、医务人员和兵器修理人员都不例外。违反此命令者罚款：军官50美元，士兵30美元。巴顿半开玩笑地说：“当你要动一个人腰包的时候，他的反应最快。”

尽管如此，还是有些不以为然，不断出现违纪现象。听到这一情况后，巴顿亲自带人四处巡视，把不执行命令的人强制集中起来，进行训斥。话语十分粗鲁：“各位听着，我决不会容忍任何一个不听命令的兔崽子。现在给你们一个选择的机会，要么罚款30美元，要么送交军事法庭，并记入档案，你们自己看着办吧！”这些士兵只好乖乖认罚。

尽管巴顿的这种做法招致许多人的反感和咒骂，但确确实实震动了第二军，使他们改掉了松松垮垮的拖拉作风，精神面貌发生了巨大改观。

巴顿继续以他特有的方式激励他的部队，他跑遍了4个师的每一个营，督促军官、鞭策士兵，顺便还要检查军容军纪的执行情况。他的检查极为彻底，甚至连厕所也不放过，因为上厕所的人最容易忘戴钢盔。

他鼓励官兵们要有攻击精神，像狮子一样残酷无情地打击敌人。号召他们“为人类进步事业而冲杀，但不是为它死亡”。虽然官兵们对巴顿的这种做法一时还难以理解，但他的“高压电休克疗法”确实给他们留下了深刻的印象，并使他们与过去判若两人。巴顿必须残酷无情，因为，时间不允许他动半点恻隐之心。只有采取非常规的、铁面无私的方式，才能将这群“乌合之众”锤炼成无坚不摧的战斗部队。

很显然，他的最终目的达到了，他已经把自己的战斗精神输入了这支部队，以自己的战斗精神激励了全体官兵。虽然有人恨他，但是官兵们都很尊重他，并开始去仿效他，部队有了铁一样的纪律和秩序，士兵们恢复了自信和勇气。巴顿欣喜地看到，在短短的几天内，第二军的面貌已经焕然一新了，将士们士气高涨，军纪严明。他们已被锻炼成了真正的军人，进入了他所说的“战斗竞技状态”。

战斗打响后，德军再度发起强大攻势，但遭到第二军的顽强抵抗，他们寸土不让，表现得十分英勇。最后，德军无功而返，美军在北非战场取得一个大的胜利，这场战争的胜利证明：第二军已经不是十几天前的那群“乌合之众”了。

巴顿为他们的杰出表现感到十分骄傲，他自豪地说：“硝烟一散，我们看到没有一个美军士兵放弃阵地一步。”巴顿能在 11 天内改变一支部队的“执行力”，依靠的就是对纪律的强调，无条件地服从命令、执行任务。巴顿将军曾对艾森豪威尔将军说，“我不需要一个才华横溢的班子，我要的是无条件的忠诚和执行。”他拥有的正是这么一个有执行力的参谋班子，他们默默无闻地、一贯高效率地执行他的命令，并完全服从和适应他本人，他的一套军纪、规矩和风格。

确实，就像上面所说的一样，良好的军纪是军队取胜的关键，可以这么说，没有纪律的部队只能算是一群乌合之众，更不可能在战斗中获得胜利。由此，我们便会常常听到这样一句话：服从是军人的天职，并且把军人的这种纪律和服从当作是军人的美德。其实，在现实的生活中，我们每一个人都要像军人，做一个遵守纪律，并且绝对服从的人。这一点对身在职场中的我们更显得尤为重要，为什么这么说呢？

因为，对每一位团队成员来说，每个团队都有系统的计划和目标，正如军队系统的战略方针和执行策略。在军队，如果士兵不服从命令安排，胜利就只能存在于理论和想像了。而作为一个团队成员，如果不遵

守团队既定的纪律、制度，对上司安排的工作不服从，不认真履行，就不能促使团队整体目标的实现，就更不要说能为团队的发展作出任何的贡献，当然，我们个人的理想、目标以及自我价值的实现也就不能得以实现了，因为团队的发展与我们的价值实现总是息息相关的。

“有规矩才有方圆”，对今天身在团队中的任何一个人来说，就必须像狼群那样，不断地加强团队制度以及纪律的意识建设，做到时下常说的那样：执行没有任何借口！

【狼性团队说】

无论我们个体自身的能力怎样的优秀，但是，当我们在加入一个团队之后，就必须无条件地遵守所在团队中的纪律和制度，因为只有这样，这个团队才能真正称得上是一个统一的整体，才能发挥出更大的力量，从而促使目标顺利实现。

服从是群狼的天职

狼，服从头狼
是天职，也是底线
违背头狼
就等于选择死亡
这样的代价
值得每一条狼好好掂量
……

——【狼性宣言】

经过了这次事件之后，红嘴狼对头狼的命令更加服从了，因为它知道，除非自己有足够的能力当上头狼，否则就好好地听从头狼的命令。否则，自己也会遭到“开除狼群”的后果，一旦出现这种情况，留给自己的只有死路一条。

在接下来的几年中，红嘴狼都以一条“优秀狼”的身份出现。对头狼，毕恭毕敬，对猎物，奋力追捕……所以，它在狼群中的地位越来越高，为它后来夺取头狼的位置打下了基础。

每一位员工都必须服从上级的安排，大到一个国家、军队；小到一个企业、部门，其成败很大程度上就取决于是否完美地贯彻了服从的观念。服从是行动的第一步。你必须暂时放弃个人的独立自主，全心全意去遵循所属机构的价值观念。如果有些人不能够记住自我的身份，严格的遵守每一项规章制度，就不可能有着强烈的纪律观念、服从意识，也就很难在当时那种恶劣的环境中焕发出强有力的执行力，并且战胜各种各样的困难、阻碍，最终创造出令人认为是奇迹的成功。

这个时代无疑给予了每个人前所未有的展示空间。社会的分工越来越精细，每个人都有更多的机会展示自己的才华。然而，很多人都觉得个性解放、自我实现与忠诚敬业和绝对服从总是无法协调，是对立的。他们以玩世不恭的姿态对待工作，或者频繁跳槽，总觉得自己是在出卖劳动力；他们认为敬业精神不过是剥削者提倡的，所谓的忠诚也是老板愚弄下属的手段。他们认为自己很现实，认为一切不过是生计需要，生活充满了欺诈。

当然，或许有人的确受过一些苦难，遭受过欺骗或者压榨。但这个世界何其丰富，你因为一次被骗而放弃对所有人的信任，或者因为一次被愚弄而对世界充满过分的警惕，这就好比你被盗了一次钱包，就对所有的人充满怀疑，那么小偷偷走你的，就不是一个钱包能衡量的价值了。

很奇怪的是，很多员工没有公司的概念，他们总是觉得自己是在为老板工作。在他们的思维中，从来没有自己是为公司工作的概念。不管他们到任何地方，这种把自己独立出来的观念，总是让他们无法融入公司的整体利益里面去，而且很容易产生对立的情绪。实际上这样的人的确应该换个想法，那就是：你是在为公司工作，你是公司的一分子，这无疑会给你带来更为饱满、更为踏实的工作状态。

一个公司也是社会的一个小单元，就人类社会来说，“团结就是进步”是这个社会的基本观念。社会不是由一个人来推动的，公司也不是由一个人来发展的，社会的发展总是基于大家的利益的方向来进行的，

公司只是它的一个小缩影而已。当然，如果说你在一个公司，利益总是无法跟公司发展的方向达到统一，在你仔细分析自己以后，得出理性的结论还是如此，那么，我也劝你寻找其他的机会。但是，如果公司的发展与给你提供的利益是相符的，是充满着更多新的可能的，那么，你毫无疑问就应该完全以公司的一切要求来作为自己行动的准则。

或许你认为自己有才华，可是一直没有表现的机会，而且现在的上司居然还不如你，在每次面对工作安排的时候，你总是觉得很不服气。或许你从没有让这些情绪暴露出来，你认为你跟同事或领导的相处没什么问题。其实，这只是你自己的想法而已，人是敏感的动物，时间长了，什么都会显现出来，重要的是这些意念会给你的工作造成不必要的羁绊。而且，在任何公司，你首先应该面对的是公司这个集体，而不是其中某一个直接领导，或者某个部门主管，或者某个同事。你所有的利益和想法，都应该统一在公司这个整体范围内。不要担心你的工作成绩没有人能了解，努力就有回报，这是毫无疑问的。

没有服从，就没有强有力的执行，而这种良好的服从精神是建立在高度的纪律意识上的。而我们的企业，所急需的便是这种具有高度的纪律意识，服从意识的员工。因为，当企业和员工具有了这种强烈的纪律意识和服从意识之后，才能真正地使得企业中的员工都朝一个方向共同努力，在不允许妥协的地方绝不妥协，在不需要借口的地方不找任何借口，最终推动企业的成功，个人价值的实现。

为什么这么说呢?

因为，企业作为一个整体，它必须有着严格的纪律和规章制度，唯有让整个团队中的成员动作协调而统一，才能真正地达到一加一大于二的效果，如果，没有了这种纪律的约束以及服从的意识，整个团队便难以真正达到团结统一，便不会出现整体成员向一个共同目标前进的局面。在现今的职场中，对企业和员工而言，敬业、服从、协作等精神永远比任何东西都重要。但这些品质不是员工与生俱来的，不会有谁是天生不找任何借口的好员工。所以，我们就需要不断地加强自我的纪律观念和服从意识的修炼，自觉地遵守企业的规章制度，就像是军人将服从当作是自己的天职，是自己的第一义务一样。

虽然并不是所有上司的指令都正确，上司也会犯错误。但是，一个高效的企业必须有良好的服从观念，一个优秀的员工也必须有服从意识。因为上司的地位、责任使他有权发号施令；同时上司的权威和整体的利益，不允许部属抗令而行。一个团队，如果下属不能无条件地服从上司的命令，那么，在达成共同目标时，则可能产生障碍；反之，则能发挥出超强的执行能力，使团队胜人一筹。

【狼性团队说】

一个团队，只有团队成员真正服从于领导者的指挥，这个团队的力量才能整合到一起，才能形成强大的竞争力，打败对手，获得竞争的胜利。这就是服从的力量，狼性团队的力量！

无视头狼将会遭受淘汰

对于我们来说
头狼就代表着一切
除非你有足够的能力打败头狼
获得狼群的领导权
否则，无视头狼
你只能遭到淘汰
……

——【狼性宣言】

在红嘴狼组建了自己的“超级猎杀团队”之后，狼群捕猎的效率明显获得提高，而猎杀团队的狼群成员在狼群中的地位也获得日益提高。可是这也埋下了隐患：那两条曾经被调离“超级猎杀团队”的成年狼，也就是跟着原头狼一起“私奔”又回来的两条狼对红嘴狼充满了怨恨。

很显然，这种怨恨已经积蓄有一段时间了，终于有一天，其中的一

条狼将这种怨恨发泄了出来。那天，头狼带领着狼群出去捕猎，安排这两条狼在家里守护洞穴，这原本是正常的任务分配，就是平常所能遇到的“值日”一样，并没有什么不妥，但是这两条狼却认为这是头狼在“疏远”自己，让自己远离狼群，于是其中一条狼无视红嘴狼的命令，竟然当着狼群的面离开了洞穴，走到队伍的前面，加入了捕猎狼群之中。

它的举动很显然对头狼的威严造成了威胁，母狼见状，想要去协调、教育那条狼，可是头狼没等母狼过去，就怒嗥着冲过去，对着那条狼的腿狠狠地咬了一口，就在那条狼逃跑的时候，头狼将它追出了几公里远，就这样，这条狼被逐出了狼群，再一次离开了狼群。

如果说上次离开狼群是受到原头狼的“蛊惑”的话，那么，这次离开狼群就是它自作自受了。我们都知道，在这样寒冷的冬天，一旦离开狼群，得不到食物的供应，只有死路一条。这条狼也不例外，三天之后，它魂归西天。这是这条狼为自己的“桀骜不驯”所付出的代价，也是其它狼引以为戒的警告。

自从发生了这件事情以后，狼群的其它狼对红嘴狼更加尊敬了。因为他们知道，如果不服从头狼、无视头狼，自己将会遭受淘汰。

“恭敬不如从命”，这一中国古老的至理名言，谆谆告诫着后人：对领导，服从是第一位的。下级服从上级，是上下级开展工作，保持正常工作关系的前提，是融洽相处的一种默契，也是领导观察和评价自己下属的一个尺度。

在一些单位里，经常碰到一些纪律观念淡薄，服从意识差的人。他们是领导们最感到头疼的“刺头”或称“渣子头”。这些人要么身无所长，进取心不强，对领导的吩咐命令满不在乎，要么自以为怀才不遇，恃才傲物，无视领导。无论是事出何因，他们一律都是在领导面前昂着高贵的头，家事、国事、天下事都可在他大脑中“存档”，却唯有领导的命令不在此列。比如一天中午，办公室的领导问员工小蒋：“小蒋，我让你复印的资料怎么样了?”小蒋三分惊讶七分漫不经心地反问：“复印什么资料?”当着其他下属的面，这位领导很丢面子，气呼呼地训道：“你怎么对我说过的话这样不放在心上!”照常理而论，小蒋应立刻道歉，找原因给领导一个台阶下，待领导稍有息怒，迅速去把资料复印来交给他。这样，领导再生气也可能会由阴转晴，顶多再训他两句而已了，年轻人事情多，领导一般都会谅解他们的疏漏的。但这位小蒋却既没道歉，也没立即去复印，而是屁股一扭，逃之夭夭。

这些“刺头”表面看来，超凡脱俗，潇洒自在，实则是自己有意识地与领导划出了一条鸿沟，不利于自己的工作进步，也不利于集体的团结和相处。因此，“刺”万万不可长，进取之心万万不可消。请谨记：满招损，谦受益。年轻人在某一方面，定会有领导所远远不及的才气，但只有与领导融洽相处，小心服从，大胆探索，才会让领导充分领略你的才华，为你提供锻炼的机会，才能不断进步，以才高德厚得到领导的器重。你越是自视怀才不遇，感叹无伯乐，越是阻断了展现自己才能的道路和机会，你不跑一步之远，即使伯乐常在，又怎能发现你这匹千里马？对于才气不佳者，更应有李白“天生我才必有用”的自信和洒脱，应有“活到老，学到老”的毅力和韧劲，而不应甘于沉沦，成为领导眼中又臭又硬的绊脚石。

许多有工作经验的人都有这样一种深刻的体会：服从一次容易，事事依从领导却很难。工作时间长的人几乎都曾有过刁难领导、违背领导命令的经历，虽然在平时他们大多数都能很好地与领导相处。而导致这种突发性不服从的原因大致有以下三点：

第一，刚刚受到领导的批评或成为领导发泄的对象，感到气不顺，心不平，可能会情绪化地对待领导的命令，不服从甚至顶撞领导随之而来的新的安排和命令。

第二，因为领导的原因使自己的利益不能满足。如由于领导不公平，自己的奖金比别人少，房子比别人小甚至没分到，或者评职称不如意，等等，就有可能抵触之情顿生，大有剑拔弩张之势。

第三，领导的决策与自己有根本性分歧，或交办的事情对自己并无好处还有可能会得罪同事时，不愿执行领导的决定。

人的生命，总是在满与不满、愿与不愿的无休止交织中消磨。满座笑语，独一人向隅而泣的滋味，几乎每人都品尝过。身临此境，也许你的忍耐比力量更有效。你可以巧妙地表示自己的不满，但绝不可抗拒。你以自己的宽阔胸怀，坚持服从第一的原则才是聪明之举。这样做，会使领导心里雪亮，你在情感上掩藏着极大的不满，但理智地执行了他的决定，他在下属心中的地位不言自明。而对你的气度和胸怀，他也不得

不佩服甚至敬重之情油然而生。反之，若是由此而顶撞，使自己与领导的关系在某个特定阶段陷于紧张状态，进入不愉快的氛围之中，那么缓和、改善这种僵局所付出的代价可能比你当初忍辱负重的服从还要大出几倍或几十倍。“要知今日，何必当初”的感叹也为时晚矣！没有哪一个人会永远顺利，暂时的忍耐，巧妙的服从，也是一种人生策略。

当然，服从也有善于服从、善于表现的问题。细心的人都可能会发现这样一个事实：在单位里，同样都是服从领导、尊重领导，但每个人在领导心目中的位置却大不相同，何也？这个问题的关键就在于能否掌握服从的艺术。有的人肯动脑子，会表现，主动出击，经常能让领导满意地感受到他的命令已经被圆满地执行，并且收获很大。相反，有的人却仅仅把领导的安排当成应付公事，被动应付，不重视信息的反馈，甚至“斩而不奏”，甘当无名英雄，结果往往事倍功半。

“服从第一”应该大力提倡，善于服从，巧于服从更不应被忽视。因为，在丰收的田野上，农夫有理由让人们记住他挥洒的汗水和不辍的辛劳。这不是虚荣，而是实实在在的需要。这就需要我们能够掌握一些服从的技巧和艺术：

第一，对有明显缺陷的领导，积极配合其工作是上策。如今的时代，是科学文化飞速发展的时代，有些领导原来基础就较差，专业知识不精，这样的领导，在下属心目中的位置并不高，但对下属的反映却格外敏感。你不妨借鉴他多年的工作经验，以你的才干弥补其专业知识的不足，在服从其决定的同时，主动献计献策，既积极配合领导工作，表现出对领导的尊重，又能适当展现自己的才华，成为领导的左膀右臂，这样，领导不但会记住你，更会感激你，如此一份付出，两份收获，何乐而不为呢?

第二，有才华且能干的下属更容易引起领导的注意。领导的注意力更多地集中于才华出众的“精英”型下属身上，他们服从与否，直接决定领导的决策执行水平和质量。所以，如果你真有能力，正确的方法不是无视领导，而应认真去执行领导交办的任务，妥善地弥补领导的失误，在服从中显示出你不凡的才智，这样，你就获得了优于他人的优势。才干加巧干，会使你成为领导心理天平上一枚沉甸甸的砝码。

第三，当领导交待的任务确实有难度，其他同事畏首畏尾时，要有勇气出来承担，显示你的胆略、勇气及能力。比如前段时间发生过的这样一件事，某单位单身职工李君患肺结核住进了医院，领导动员同事们去做经常性护理。大家面面相觑，无人表态，领导很是尴尬。最后，年轻的小伙子刘君主动站出来，为领导解了燃眉之急。领导大为感动，会上表扬，私下感谢当然不在话下。可见，关键时刻服从一次，替领导解忧，胜过平时服从 10 次，而且还会深深打动领导，使其铭记在心。

第四，主动争取领导的好感。很多领导并不希望通过单纯的发号施令来推动下属开展工作。一位资深领导曾说过：当下属的要主动争取领导好感，向领导申请任务，而不是被动地接受摊派。请求上司的领导比顺从上司的领导更高一个层次，是一种变被动为主动的技巧，它不仅体现了下属的工作积极性、主动性，还增加了让领导认识自己的机会。这种工作方式已经越来越为现代型的领导和下属所重视。

【狼性团队说】

对于一个团队成员来说，能否获得成功的机会，不仅仅要看他的能力如何，还要看他是不是能遵从领导者的领导。一个人，即便能力再强，如果总是违背领导的意图，不把领导放在眼里，那么，他也只有失败一条路可走。

永远和头狼站在一起

对于群狼来说
只有永远和头狼站在一起
才能获得头狼的赏识
才能提高自己的地位
无论如何
这是一个千古不变的真理
……

——【狼性宣言】

在一个狼群之中，除了头狼之外，母狼的地位是最高的。如果一个狼群中间有多条母狼，那么，经常和头狼在一起的那条母狼的地位是最高的。

为什么是这样呢？很多人都认为母狼担负着整个狼群“传宗接代”的任务，自然地位要高很多。就像一个大家庭一样，除了男主人之外，女主人的地位就是最高的。这自然也有这方面的原因，但是我们也忽略了其中另外一个更加重要的原因：母狼始终都是和头狼站在一起的。即母狼始终以头狼为马首是瞻，头狼发布什么命令，母狼总是一丝不苟地去执行；头狼有什么主张，母狼总是坚决拥护……

在红嘴狼群中，就有这样一条母狼，无论红嘴狼发出什么样的指令，它总是无条件地去执行；一旦狼群中间出现什么问题，它总是站在头狼的角度去说服狼群，也正因为如此，它在狼群中的地位开始急速上升，这不仅仅是因为它曾经为狼群增添了 4 条小狼，更是因为它为狼群的稳定、头狼命令的下达作出了巨大的贡献。

对于狼群中的狼来说，是要永远和头狼站在一起，而对于人类社会的团队成员、企业员工来说，就是要永远和老板站在一起，为企业、团队、老板着想。

在这样一个竞争的时代，谋求个人利益、实现自我本就是天经地义、无可厚非的。但是，遗憾的是很多人还没有真正地意识到个性解放、实现自我与遵循纪律和服从并不是对立的，而是相辅相成缺一不可的。这也正是人们常呼吁老板要多为员工着想，而员工似乎就很少有理由要为老板去着想的原因所在。

但究其根本，老板和员工只不过是两种不同的社会角色，只是社会分工的不同而已，而且这种角色和分工是自然选择的结果。看看那些富豪们的履历就知道，没有几个一生下来就注定会当老板的，他们大多数人都是从员工一路走过来的。当不当老板，能不能当老板，是性格、志向、理想、兴趣、勇气、机会等很多因素决定的。

在这个不尽完美的世界上，老板与下属间的关系良好的时候，就像是一桩美满的婚姻，而在关系破裂之后，便会如同一场大灾难。因此，理顺二者的关系无论对于员工还是对于老板来说，都是至关重要的。

自然界中有许多共生现象。比如说豆科植物的根瘤菌，它本身具有固氮的功能，为豆科植物提供了丰富的营养，同时它又可以借助豆科植物获得生存的空间；再比如非洲热带雨林中的大象、犀牛等，它们的身体表面往往会有一些寄生虫，一些鸟类等小动物也栖息在它们身体表面，以这些小寄生虫为食，同时，大象、犀牛也避免了寄生虫对它们的侵害，可谓是互惠互利。这种现象在自然界中不胜枚举，而在生物学中统称为共生现象。

细心的人应该能够察觉得到，这种共生现象放在老板与员工的关系上，显然也具备了异曲同工之妙。从社会学的角度讲，老板和员工也可以称之为共生的关系。没有老板，员工也就失去了赖以生存的就业机会；而没有了员工，老板想追求利润最大化也只能是镜中花、水中月了。

在一个有着卓越企业文化和完善激励机制的企业中，员工在享受着老板提供的优厚待遇的同时，也会为老板着想，积极为企业未来的发展出谋献策，积极工作。即使企业遇到一时困难，也会与老板一起同舟共济，渡过难关。每个人都知道，只有上下齐心协力，才能使企业在激烈的竞争中立于不败之地，在老板赚取利润的同时，员工的利益才能得到持久的保障。

历史上人们对师徒共生关系认识得很透彻，新艺人花费大量的时间与卓有成就的艺术家相处；弟子长时间跟随着师父；学徒耐心地向工匠学手艺；学生借着协助教授作研究而学习——都是借着协助与模仿，从而观察成功者的做事方式。

大工业化生产破坏了这种学徒关系，也抛弃了老板与雇员之间的这种学习关系，雇员与老板之间逐渐变成了矛盾对立的不同利益主体。在一些错误观念的蒙蔽下，许多人甚至因此而丧失了学习能力。

现在的企业越来越小型化，竞争越来越激烈，如果雇员和老板之间彼此针锋相对，互不谅解，自然无暇抗拒来自外部的竞争。“皮之不存，毛将焉附?”只有愚蠢的员工才会耗费大量的精力去和老板争斗，聪明优秀的员工会不断调整自己的思路，与老板保持一致，因为他们已经开始意识到以下的变化趋势：

第一，个人的利益与公司利益、老板利益正紧密地结合在一起，只有企业发展壮大了，员工的个人利益才能得到可靠的保证。

第二，员工个人才华的有效发挥越来越离不开老板。只有在企业中

找到自己合适的工作平台，才能尽可能地施展出所学与专长。

第三，员工个人的事业发展也离不开老板。员工如果处处从老板的角度为其着想，在工作上竭尽所能，也就有可能在个人的事业发展上有所建树，有所成就。

在一个各种制度完善的公司里，每一个员工的升迁都来自个人的努力，老板所能做的只是考察哪些人有资格获得奖励和晋升。有实力的员工都有公平竞争的机会，也正是因为如此，员工才能够感觉到自己与公司是一个整体。可以看到，员工和老板是否对立，既取决于员工的心态，也取决于老板的做法。聪明的老板会给员工公平的待遇，而员工也会以自己的忠诚予以回报。

所以，真正意义上的员工与老板的关系，是互惠互利、创造双赢的合作者。其实，大多数的雇主都要比雇员更完美，原因很简单，只有更完美的人才能从雇员成长为雇主。

而员工之所以会产生“老板是靠不住”的想法，在很大程度上是一种误解，造成这种误解也许并非出自老板的本意，而是在管理和沟通上缺乏技巧。譬如说老板做事缺乏计划，没有明确的战略目标，个人的随意性很大，员工疲于应付，被动适应，缺乏成就感等。

仔细想想，老板与下属的关系其实很复杂。许多人错就错在不为这种关系负责任，不分好坏，把老板全想成敌人，好像他们存在的唯一目的就是折磨下属。

即使你的老板是一个心胸狭隘的人，并不能理解你的真诚，珍惜你的忠心，你也不能因此产生抵触情绪，将自己与公司和老板对立起来，千万不要有老板是靠不住的想法，也不要太在意老板对你的错误评价。老板也是有缺陷的普通人，也可能无法对你作出客观的评价，这个时候你应该学会自我肯定。只要你竭尽所能，做到问心无愧，你的能力一定会提高，你的经验会丰富起来，你的心胸也会变得更加开阔。

在企业中，老板承担的风险是最大的，企业倒闭了，老板可能要跳楼，而员工可以到别的企业去打工，损失很小。所以在这种高风险、高责任的情况下，老板最相信的人是他自己，他怎么可能随便相信别人呢？所以老板的信任是一点一点给的，他要看你的表现，你表现了多少，他就给你多少，不要奢望老板一下子就很相信你，这样反而是企业危机的开始。如果你想“出头”，就要有接受老板各种考验的准备，因为他相信忠诚是考验出来的，不是听你嘴上说的。如果你接受了各种考验，就说明你对公司是忠诚的，因为你用行动证明了。只有这样你才会有光明的前景。

因此，我们身在职场中，就一定要认识到一点：那就是老板与员工之间的关系并非是对立的，无论你身处在公司的何种位置，你都要记住这一点，并且不断地加强自我的纪律观念和服从意识的培养，自觉地遵循公司的各种规章制度，并且坚决地服从老板的命令，这样才能以自己的忠诚和服从获得更多的回报。

狼群的这种纪律观念以及服从意识，在对现今的企业、企业员工同样是十分重要的，这种观念和意识是促使企业在竞争中获得良好的生存与发展，个人理想和自身价值得以实现的保障。然而，令人可惜的是，现今许许多多的企业员工，对此却有所忽略，以至于他们在职场中难以得到更好的生存与发展，并且抱怨不已。其实，这种做法完全是错误的，如果我们想要在现实社会中得以更好的生存，就必须拥有强烈的纪律观念以及服从意识。

【狼性团队说】

正如狼群要和头狼站在一起才能获得生存一样，团队成员也只有和领导者站在一起才能获得更好的生存和发展。因为和领导者站在一起就意味着赞同领导的安排，支持领导的政策、服从领导的管理和调配。这样的成员，是任何一个团队都需要的。

学会自律，造就成功

任何一条狼都有野性
但是并不是所有的狼都会犯错
因为在狼的思维里

始终流淌着一个意识——
自律
除非你的能力已经足够改变一切
否则就安安静静，做一条普通的狼
……

——【狼性宣言】

在红嘴狼当上头狼的这段时间里，经历了很多的事情，特别是在它执政以来，连续失去了两条成年狼的力量，曾经一度，红嘴狼都坐在月黑风高的山顶上反省：自己是不是做得有点过分了？这样子下去，狼群是不是还有发展的可能。

可是它立刻又明白了一个道理：自己只不过是在行使头狼的职权，那两条狼之所以会受到惩罚，完全是它们不自律。这是一种咎由自取，并不是自己作为头狼做得过分。要知道，如果不惩罚这两条狼，那么，这个狼群总有一天要解散。

红嘴头狼的想法是正确的，这是它作为一个狼群的首领应该做的。站在狼群的角度去看，它们要想在狼群获得很好的发展，就必须懂得自律。

自律，顾名思义，就是自觉、自我约束、自我控制之意。古人大力主张自律，孔子曾说："躬自厚而薄责于人，则远怨矣。"只要我们能够有意识地自我反省、自我约束，我们就不会违反纪律，触犯别人，就不会遭致别人的埋怨。然而，随着时代的发展，人民生活质量的不断改善，人的自律意识却明显下降了。看看饭店，你会发现浪费程度难以想像，令人心寒；上班时间办公室里，你也可以看到有人带着丰富多样的食品摆在桌子上津津有味地享受着，这些显然都是不自律的行为。

人无自律，必有后患。凡是社会上被惩罚的不法分子，都可以说是缺乏自律意识的结果。社会的安定、秩序的维持，与每个人的自律意识密切相关。自律对全社会成员都相当重要，它是国家安全、社会稳定的源泉，是个人健康发展的条件，它对个人的前途起着决定性的作用。

拥有自律精神的人拥有着许多其他人所没有的力量，最重要的是他拥有认识现状的力量，能够根据真实的情况来作出决策，而大幅增加对自己及他人有益的生活状况的比率。

在人类社会漫长的发展历程中，自律起了不可估量的作用。自律的人绝不会寻求报复他人。报复是毒害人格的毒药，而且和心灵宁静互不相容，犹如油与水不相溶一般。自律的品质把报复心理消灭在萌芽中。

亚伯拉罕·林肯是美国历史上最伟大的总统之一，他的自律精神和品质被世人所尊重。当他还是伊利诺州春田市的一名律师时，当地最大的工业公司之一出了一些法律上的问题，林肯被法庭指派和其他两个处理该案的律师合作。这两位律师是有名的大律师，他们轻视这位笨拙的乡下律师。当他辛辛苦苦地准备好该案的文件时，他们甚至连看都不看。更恶劣的是，他们甚至不愿和他同桌而坐，这是对林肯公然的屈辱。

5 年之后，那位消瘦、神色悲伤、曾受伤害的人被选为总统。不久，在他该选择内阁的时候，需要一位战争秘书。有一个人显然是这个重要职位的最佳人选——爱德华·史丹顿。林肯记得史丹顿就是他在春田市时，以恶劣态度对待他的律师之一。不过他还是任命史丹顿为战争秘书。成为自我的主宰，不只对自己好，也对所有的人好，这就是林肯品质的魅力。

自律是一种精神、一种品质，是一个人内在修养的体现。下面让我们再来看一个案例。案例中的主人公是透过试验和错误才获得心灵宁静的，主人公的经验很值得我们借鉴和学习。

有段时间，拿破仑·希尔注意到有位记者对自己做了一连串恶意的攻击。他已有四五年时间不理会这些攻击，但这位记者越来越变本加厉，因此拿破仑·希尔决定将宁静政策暂放一旁，进行反击，他坐在打字机前开始打字。

拿破仑·希尔详尽地写着，篇幅中充满了恶毒的谩骂。写得越多，就变得越生气。终于他写完最后一行，然后一股奇异的感觉向他袭来——不是一种要对抗那个人的愤怒感，而是一种同情与宽恕的感觉。结果那封信他没有寄出去。

在拿破仑·希尔事后看来，他愤怒敲打字键的手指将他压抑的怨恨和憎恶的情绪转到了纸上，他自己因而得到了解脱。

从拿破仑·希尔的案例中我们可以得知，在任何时候只要我们被愤怒所困扰时，都可以把自己的愤怒用笔记载下来。这是一个很好的方法，大家不妨试试看。

不同的人，控制愤怒的方法不同，有些人用长距离的快走来达到效果；有些人则用剧烈的运动项目，然后才感觉到自己恢复了自律的心态；而有些人则把坏脾气出在太太身上，这是一种对双方都有害的事情。将一些自己在愤怒下写的东西保存下来，数年之后再回头看它们，会对自己有更大的了解。试着这样做做，你将发现那是个很有趣的过程，因为当你了解自己时，你也在逐渐实现一个更好的自我。

在自律强大的时候让它品尝一次成功的喜悦，你将获得的是比自律更强健的生命。也许有时自律是很痛苦的事，但痛苦是暂时的，如同肿瘤，切除时是痛苦，但过后你将面对的是健康的生命，长久的幸福。自律造就了成功的拿破仑·希尔，相信也会造就一个成功的你。

【狼性团队说】

在任何组织的发展中，自强总是和自律联系在一起。为什么会这样？原因很简单，只有你懂得自律，你才会有更多的时间和精力放在正经事上，而不是为一些小事情分了心，既没有达到自己想要达到的目的，也没能获得别人的青睐。

没有规矩，何以成方圆

狼群是一个高度制度化的团队
比如，选举头狼的方式
既公正，又合理
每条狼根据其平时捕杀食物
面对敌人的表现来判断自己是否具备领导群狼的才能
是否有资格成为头狼的候选者
……

——【狼性宣言】

群狼运用了“选贤任能，唯才是举”的选拔原则。头狼的权力最大，甚至享有狼群中唯一的生育权；但头狼为狼群奉献的又是最多的。头狼为了维护自己的权威，会用咆哮、嚎叫、追逐和撕咬等方式来惩戒部下。

而这些制度的产生，来自于狼族绝对的纪律性。这种纪律性在我们今天优秀团队建设中同样起到功不可没的作用。任何一个优秀团队往往都会有健全的制度做保障，制度犹如火车的轨道，是用来规范员工行为的准则。没有规矩，不成方圆，没有了纪律和制度的约束，那么，群体和组织的社会生活就无法从特殊、不固定的方式，转化为被普遍认可的固定化模式。

所以，制度化是团队发展、成熟的过程，也是整个团队规范化、有序化的变迁过程。规范化和制度化相加，才可能造就一支优秀的团队；团队员工行为的规范化和有序化，才能使员工的行为朝着团队期望的方向发展。

没有制度，无视纪律，组织就会成为一盘散沙。正如著名经济学家吴敬琏所指出的，推动技术发展的主要力量不是技术自身的演进，而是有利制度的安排。一个有纪律保障的制度如果能被合理地利用，往往能得到出人意料的效果。

有这样一家公司，它的老板骄傲地说，本公司的新产品根本不用试生产，只要推出，就有大批订单。为什么他能说出如此狂妄的话？原来他们开发任何新产品，都运用了一种管理制度。这种制度以用户需求为核心，共有产品定位、设计、评估、销售四个方面289个环节，通过对大量数据和反馈信息的不断调整，确保了产品一经面市，即能满足用户需求。正是凭着一整套科学严密并行之有效的管理程序，该公司从创建以来很快便领导了世界文件处理的新潮流。

有些企业总是经常陷入一些尴尬的处境之中，而之所以导致这种情况的发生，并不是因为一些技术上的难题，而是由于制度的不完善。例如，很多企业，员工与老板经常打游击战。当老板在的时候，就装模作样，表现卖力，似乎是一位再称职不过的员工了，而等老板前脚刚走，他们就在办公室里大闹天宫。而一些老板，往往会在这个时候杀个回马枪，将员工的形象尽收眼底。但对于一个团队来说，这并不是长久之计，首先，老板没有过多的精力，其次，这样也会给员工造成紧张的心

理压力。

所以，以制度的确立来解决这一问题是最好的方法。如果建立了一套完善的制度，让员工意识到，无论任何时候，都须一如既往地认真工作，那么，即使老板不在，员工也会尽职尽责地工作。由此可见，纪律和制度是保障企业运行的有效手段。

北京的“金三元”酒家有一道名菜叫“扒猪脸”，虽然这道菜算不上大菜。但老板沈晓峰花的心思并不小，仅关于这道菜的选材与制作工序，他就定制了十分严格的规矩。猪头必须来自饲养期在120～150天，重量为60～75公斤的白毛瘦型猪；按标准屠宰后须经2小时浸泡，4小时酱制，30多种调料，12道工序。如果谁有不慎，必然会受到老板严厉的惩罚。

不仅如此，“金三元”的服务从站位、迎宾、入座、点菜等一路下来，都有一套分为29道工序、30多条标准的管理制度，国际质量协会总裁参观完“金三元”的服务后都曾对他们挑大拇指。所以“金三元”在全国已有16家连锁店，而且他们计划5年内开到100家。

一个企业想不断发展，永续经营，有一个比资金、技术乃至人才更重要的东西，这就是纪律。每一个企业和员工都要具有强烈的纪律意识，在不允许妥协的地方绝不妥协，在不需要借口的时候绝不找借口——比如质量问题、对工作的态度等，这时你会发现，工作将会有一个崭新的局面。对企业而言，没有纪律，便没有了一切。对于一个企业而言，如果没有制度和纪律，就必然会造成整个企业执行力的缺失，以及部门的内耗、操作系统的紊乱。

所以，在一个企业里，遵守纪律，服从管理比任何东西都重要，而企业管理者在对他们进行培训和灌输纪律意识时，可以侧重于这些方面，要让所有成员都明白，“纪律只有一种，这就是完善的纪律”。

美国肯德基国际公司的子公司遍布全球60多个国家。然而，肯德基国际公司在万里之外，又怎么能相信他的下属能循规蹈矩呢？一次，上海肯德基有限公司收到了3份总公司寄来的鉴定书，对他们外滩快餐厅的工作质量分3次鉴定评分，分别为83、85、88分。看到这三份鉴定书，公司中外方经理都为之瞠目结舌，他们根本不知道这三个分数是怎么评定的。原来，肯德基国际公司雇用、培训一批人，让他们佯装顾客潜入店内进行检查评分。这些“特殊顾客”来无影，去无踪，所以，无形之中，使得快餐厅经理、雇员时时感到某种压力，从而在工作时丝毫不敢疏忽。

这就是纪律的约束作用。同时从这里，也可以看出肯德基公司对绩效管理的擅长。管理者通过绩效管理实现公平与效率的关键是建立科学合理的绩效评估制度，操作科学合理的绩效评估行动，使团队成员获得公平的感觉，同时，使团队管理效率实现最大化。

所以，对于团队企业来说，制度是其发展的重要保障，制度的存在，无论是对企业的领导者，还是员工，都有了一定程度的约束，这样就可以使得员工和领导按照公司的既定目标走下去。如果没有了纪律的约束，制度的规定，那么，企业就无法将员工凝聚在一起，没有了向心力，企业又何谈发展？

【狼性团队说】

狼群之所以能够成为最强悍的团队，凭借的正是制度的力量，而这也正是狼性团结与忠诚的前提，团队的发展需要的就是这种完善的制度。

第八章

协作是生存之道

在所有的动物之中，狼是将团队精神发挥得淋漓尽致的动物。狼群在捕获猎物时非常强调团结和协作，因为狼与其他动物相比，它们并没有什么特别的个体优势。它们是在生存、竞争、发展的过程中逐渐懂得了团队的重要性，久而久之，狼群也就演变成了“打群架”的高手。狼的团结协作，共同发展的团队精神是很值得我们借鉴的。

信任自己的同伴

在捕猎时
一旦头狼嗅到了驼鹿的气味
很快，其他的狼就会聚拢过来
它们自动地形成单列队形追赶驼鹿
头狼是开路先锋，带领后面的成员快速前进
累了就由其他成员接替自己的位置
引领狼队继续快速前进
不让猎物有片刻喘息的机会
直到猎物体力不支、筋疲力尽为止
……

——【狼性宣言】

狼永远都相信自己的努力与谨慎，也绝对信任自己的同伴。世界上只有为了团队自我牺牲的头狼，绝对没有出卖同类的头狼。“金无足赤，人无完人”，谁都不敢夸口自己是完美的，代表着亘古不变的真理；但同时也没有人是一无是处的，因此，我们既要相信自己，同时也要相信别人。我们来看一个历史故事。

宋元公听说楚国的石匠有着高超的技艺，于是就把石匠招来，说：“听人讲，在郢人的鼻尖上涂抹一块苍蝇翅膀那么大的白灰，你抡起斧子，只一下子就把白灰砍掉了，而且，郢人的鼻子一点也没有伤着，这可是真吗?”

石匠说：“确有此事。”

宋元公说：“今天，你能不能当众给我表演一下呢?”

石匠说：“不行啊，技艺再高，须人合作，大王，给我当靶子的那个郢人已经死了。”

无独有偶，俞伯牙和钟子期的默契配合，也说明了同伴之间的合作关系是多么重要。

俞伯牙善于弹琴，钟子期善于听音。俞伯牙弹琴的时候，心里想着高山。钟子期说："好啊！巍峨高耸，就如泰山。"俞伯牙弹琴的时候，心里想着流水。钟子期说："好啊！汪洋浩瀚，就如长江大河。"俞伯牙弹琴的时候，心里想着的东西，钟子期从他弹出的琴音中，都能听出来。

俞伯牙和钟子期一起到泰山的北面去游玩，突然遇上了暴雨，他们到岩石下面去避雨，心里惆怅，俞伯牙就拿起琴弹奏起来。一开始他奏的是表现天降连绵大雨的乐曲，接着又弹奏表示高山崩裂的音调。他每奏出一支曲子，钟子期总能完全讲出他的旨趣和意境。

最后俞伯牙叹息说："好呀，你心中想象到的，和我从琴声中表达出来的思想感情完全一样，我的琴声怎能逃过你的耳朵呢？"后来钟子期死了，再也没有谁像钟子期那样能理解俞伯牙的琴声了，于是俞伯牙把琴摔坏了，终生不再弹琴。

俞伯牙和钟子期的故事不仅感人，而且令人深思。千百年来，有关同伴、伙伴的解释有成千上万种，但最深邃最贴切的无疑是"信任"二字。信任别人才是做好工作的开始。不论别人素质层次是高或是低，都应该坚信别人有自我完善、自我发展的需要，有被人尊重和认可的自我价值实现的需要。在这里，我们不妨看看历史上有名的"管鲍之交"。

春秋时期的政治家管仲和鲍叔牙是好朋友，管仲比较穷，鲍叔牙比较富有，但是他们之间彼此了解、相互信任。管仲和鲍叔牙早年合伙做生意，管仲总是出很少的本钱，分红的时候却拿很多钱。鲍叔牙毫不计较，他知道管仲的家庭负担大，还问管仲："这些钱够不够？"有好几次，管仲帮鲍叔牙出主意办事，反而把事情办砸了，鲍叔牙也不生气，还安慰管仲，说："事情办不成，不是因为你的主意不好，而是因为时机不对，你别介意。"管仲曾经做了三次官，但是每次都被罢免，鲍叔牙认为不是管仲没有才能，而是因为管仲没有碰到赏识他的人。管仲参军作战，临阵逃跑了，鲍叔牙也没有嘲笑管仲，他知道管仲是因为牵挂家里年老的母亲。

后来，管仲和鲍叔牙都从政了。当时齐国朝政很乱，王子们为了避祸，纷纷逃到别的国家等待机会。管仲辅佐在鲁国居住的齐国王子纠，而鲍叔牙则在莒国侍奉另一个齐国王子小白。不久，齐国发生暴乱，国王被杀，一时之间国家没有了君主。王子纠和小白听到消息，急忙动身往齐国赶，想抢夺王位。两支队伍正好在路上相遇，管仲为了让王子纠当上国王，就向小白射了一箭，谁知正好射到小白腰带上的挂钩，没有伤到小白。后来，小白当上了国王，历史上称为“齐桓公”。

齐桓公一当上国王，就让鲁国把王子纠杀死，把管仲囚禁起来。齐桓公想让鲍叔牙当丞相，辅助他治理国家。鲍叔牙却认为自己没有当丞相的能力，他大力举荐被囚禁在鲁国的管仲。鲍叔牙说：“治理国家，我不如管仲。管仲宽厚仁慈，忠实诚信，能制定规范的国家制度，还善于指挥军队。这都是我所不具备的，所以陛下要想治理好国家，就只能请管仲当丞相。”齐桓公不同意，说：“管仲当初射我一箭，差点把我害死，我不杀他也就算了，怎么还能让他当丞相?”鲍叔牙马上说：“我听说贤明的君主是不记仇的，更何况当时管仲是为王子纠效命。一个人能忠心为主人办事，也一定能忠心地为君王效力。陛下如果想称霸天下，没有管仲就不能成功。您一定要任用他。”齐桓公终于被鲍叔牙说服了，把管仲接回齐国。

管仲回到齐国当了丞相，而鲍叔牙却甘心做管仲的助手。在管仲和鲍叔牙的合力治理下，齐国成为诸侯国中最强大的国家，齐桓公也成为诸侯王中的霸主。

后来，鲍叔牙去世，管仲在他的墓前大哭不止，想起鲍叔牙对他的理解和支持，他感叹说：“当初，我辅佐的王子纠失败了，别的大臣都以死誓忠，我却甘愿被囚困，鲍叔牙没有耻笑我没有气节，他知道我是为了图谋大业而不在乎一时之间的名声。生养我的是父母，但是真正了解我的是鲍叔牙啊!”

管仲和鲍叔牙之间深厚的友情，已经成为了中国代代流传的佳话。在中国，人们常常用“管鲍之交”，来形容自己与好朋友之间亲密无间、彼此信任的关系。

工作中，我们每个人都离不开同事的帮助和支持，只有充分信任你的同伴，他们在你需要帮助或孤立无援时才会给你最无私、最真诚的支持；只有信任你的同伴，你在这个集体中才会有归属感和责任感，才会抛弃一切杂念，全身心地投入到工作中去。

【狼性团队说】

我在相信自己的同时，也要学会相信别人，这是由事物的多变性与自我局限性决定的。很多时候我的目光被禁锢在一个狭小的范围内，鼠目寸光而又自以为是。这时别人多角度的观察、评价更具客观真实性，更能为我提供帮助。

为团队荣誉而战

狼群组织和人类的家庭组织相似
也是按照一定的法则和血缘关系组成的
狼群在一起生活、觅食，互相照顾
它们用许多方式来表达彼此之间的爱和关心
其中，狼嚎是狼群互相交流感情的最生动
最主要的途径
头狼对它赖以生存的家庭
群体总是倾注着热情和忠诚
它生存的目的就是确保狼群的存在
……

——【狼性宣言】

在现代企业中，有一个道理是许多人没有意识到的，那就是驱使员工工作彻底的动力并非来源于金钱的诱惑，或者是物质的享受，真正的动力是来自于从心底里油然而生的荣誉感。关于这一点，微软公司就是最好的证明。

有人曾对微软公司各部门的数名业务骨干进行了一次问卷调查：是

什么使得你们甘愿为了工作而付出更大的努力？为什么你们会乐于互相协助、共同致力于产品研发项目？对于不同项目、计划实施的过程中，人员配备上的高度流动性，你们为什么乐于接受？

出乎意料，问题的答案并没有提及诸如年薪、奖金以及股权这类的东西，员工也对头衔、职位和其他种种形式的物质财富闭口不谈。但是，从他们的话语中却能感受到他们那种难以掩饰的自豪之情：所生产的产品、所参与的研发项目、一起共事的同事，还有微软的致世宣言“我们正在改变世界”。

就像微软一些员工所说的那样：“我们所生产的产品应当能够得到每个人的青睐，现在大约有1亿多人正在使用我们出产的办公自动化软件。有时，有人会在闲聊中突然打断我，问道：‘原来您就是生产这些产品的人啊！’刹那间，我的内心就会充满自豪。”

还有人说：“我在和顾客讨论产品的营销事宜时，我们那组的3个人对我说：‘谢谢！多亏了你，我们的生活才变得简单轻松多了。’当时我内心的感受真是太好了，因为我的工作得到了顾客的认可和夸赞。”

这些员工为能参加某一次项目而自豪：“参与了上一次项目的员工，对从事这项应用技术的研发都无比激动和兴奋。至于他本身在公司里所处的地位以及职称，个个都丝毫不放在心上，他们就是想把这个技术弄出个究竟来。一旦哪个顾客就某个问题向我们求援，我们就又会聚拢到一起，协同作战，攻克难关。”

他们还为共事的人而骄傲：“我的确认为人才是重中之重。世界上最出色的技术人才都云集于此，更值得拍手称快的是，这里的每一个人都有机会从这个丰富的人才宝库中汲取营养。这真是太棒了！”

“在这里你闻不到丝毫的铜臭味。有三百多位百万富翁常常窝在办公室里，苦熬到深夜，甚至连周末都不休息。难道他们是为了钱吗？这背后其实蕴涵着他们对所开创事业的无限自豪感。”

从这些谈话中，我们不难看出激励微软员工奋发上进的动力所在，那就是巨大的荣誉感。这种荣誉感都是从心底里油然而生的，更为重要的是，这种荣誉感属于完成每一项工作的忠诚和毅力，而非自惠自利的个人行径，它必将有效地激发员工追求卓越的热情，而金钱和职位晋升的诱惑在这方面却显得软弱无力。

两个多世纪以前的一天，新英格兰发生了一次日食现象，天空变得异常黑暗，许多人以为末日审判来临了。康涅狄格州议会正在召开会议，当黑暗来临时，一名议员提议休会。这时，一位来自斯坦福大卫港的清教徒立法议员站起来说道："即使世界末日真的到来，他仍将坚守岗位，并且履行自己的责任。"在这一责任的驱使下，他宁愿举着蜡烛在房间里四处走动，以便会议能尽可能地进行下去。

履行职责、坚守岗位，这位智者在为自己的荣誉而坚守。作为一名员工，当你不再仅仅为金钱，也为荣誉而工作时，其内心的感受和你的行动都会产生巨大的变化。

也许，有人会说："如果我有一份好工作，我当然就会有自豪感，会为荣誉而工作，可我现在的工作很糟糕，工作环境很差，我当然只能得过且过，敷衍塞责，没精打采。"那么，你如果不喜欢某个职业，你可以另外选择，但在你离开这个工作岗位之前，你对这个工作负有责任，因为任何一个工作岗位都有自己的责任要求，你当初选择这个工作，就表示你认同了它提出的责任，也就是说你对自己的选择做出了承诺，一个真正的人必须信守自己的诺言。

为荣誉而工作，在工作的过程中，我们体验着自己的力量、智慧、意志，为我们的工作而自豪，因为我们承担了责任，做了有意义的事情，创造了完美的产品。当我们开展工作时，我们尽心尽力，事无巨细，面面俱到，处处洋溢着满腔热情，体现着诚信的素养以及对他人无微不至的关怀。此时，我们也会为自己的工作方式感到自豪，这种自豪感将持续不断地激励着我们不断超越自我、屡创佳绩。

【狼性团队说】

任何一名员工，只要他尽心尽力，忠于职守，捍卫集体的荣誉，并且为荣誉而工作。那么，他将取得的不仅是事业上的成功，在生活中，他同样是位成功者。

在合作中实现双赢

大雪过后
狼群想寻找到食物是很困难的
往往经过一两天的奔波，还是一无所获
在这种情况下
它们如果不尽量保存自己的体力
那么劳累、饥饿和严寒就可能将它们击倒
此时，头狼便采取单列行进的方法
自己走在最前面，将雪踏开
为后面的节省体力
当头狼劳累时，它就自动退到后面休息
恢复体力，剩下的路程由第二只狼继续开辟。
……

——【狼性宣言】

任何组织，无论大小都需要团队合作。虽然合作的形式与管理者的管理有关，但高效的团队合作一定是组织成员共同努力的结果。因为，组织内上级与下级、员工与员工的合作不是简单的人力相加，而是一个复杂而微妙的动态管理过程。在这个过程中，组织成员之间互相帮助，互相提高，互相进取，让别人的长处弥补自己的短处，让自己的短处衬托出别人的长处，让彼此都获益。

星巴克咖啡对自己的定位是“第三去处”，意思是家与工作场所之间的栖息之地，因此让顾客感到放松舒适、满意快乐是公司的愿景之一。与大多数企业不同，星巴克从不强调投资回报，却强调“快乐回报”。他们的逻辑是：只有顾客开心了，才会成为回头客；只有员工开心了，才能让顾客成为回头客；当二者都开心了，公司也就成长了，持股者也会开心。而团队文化则是他们获得“快乐回报”的最重要手段。星巴克是如何创造这种平等快乐工作的团队合作文化的呢?

首先，领导者将自己视为普通一员，他们并不认为自己与众不同，他们也会去做普通员工做的工作。比如，该公司的国际部主任去国外的星巴克巡视时，也会与店员一起上班——做咖啡、清洗杯碗、打扫店铺甚至洗手间，完全没有任何架子。

其次，星巴克以商店为单位组成团队，每位员工在工作上都有明确的分工，有人专门负责接受顾客的点菜、收款，有人主管咖啡的制作，有人专门管理内部库存……但每个人对店里所有工种所要求的技能都受过培训，因此在分工负责的同时，又有很强的“不分家”概念。也就是说，当一个咖啡制作员忙不过来时，其他人如果不算太忙，会主动帮忙以缓解紧张，完全没有“莫管他人瓦上霜”的态度。这种既分工又不分家的团队文化是有针对性地进行强化训练的结果。

最后，鼓励并奖励合作，培训合作行为。所有在星巴克工作的员工，无论你来自哪个国家，在商店开张之前，都要集体到星巴克总部接受3个月培训，学习研磨制作咖啡的技巧。培训大部分内容是用于磨合员工，让员工接受并实践平等快乐的团队工作文化。由于各个国家之间的文化差异，有时会遇到很大的阻碍。比如日本、韩国的文化讲求等级，很难打破等级让大家平等相待。最简单的例子就是彼此之间直呼其名，因为习惯了加上头衔的称呼，不加头衔称呼对方对上下级都是挑战。为了实践平等的公司文化，同时又尊重当地的民族文化习惯，结果就想出给每个员工起一个英文名字来解决这个矛盾。另外，公司还设计了各种各样有趣的小礼品来及时奖励员工的主动合作行为，让每个人都时时体会到合作是公司文化的核心，是受到公司管理层高度认可和重视的。

可见，没有“合作精神”的企业，一切美好的想法和愿望都将成为“零”；没有团队意识的员工，无论学识有多深、技术有多精、学历有多高都将不会得到朝着组织有利的方向发展的，一切才华、学识对于这个企业来讲都是零。

在市场竞争日益激烈的环境下，一种全新的企业之间和企业内部的“竞合”浪潮逐渐在经济界、企业界形成，并逐步替代过去那种你死我活的单纯竞争。既合作，又竞争，在竞争的基础上进行更广泛、更深入的合作，

以共同推进企业发展与繁荣，达到“双赢”的目的是“竞合”的基本特征。那么，如何在合作中实现双赢呢？以下几点是需要我们注意的。

1. 合作的基础

合作的基础是在团队中必须有真诚的沟通。我们都有这样的体会，同事之间、上下级之间最让人难受的就是被人误解，特别是自己一腔热情，却不被人理解时，比被责骂还痛苦。

美国著名主持人林克莱特访问过一个小朋友。

他问：“你长大了做什么？”

小朋友回答：“当飞机驾驶员。”

林克莱特接着说：“如果有一天，你的飞机飞到太平洋上空，所有引擎都熄火了，你怎么办？”

小朋友想了想说：“我先告诉乘客系好安全带，然后我带上降落伞跳出去。”

现场的观众对此哄堂大笑。没想到，这时孩子的两行热泪夺眶而出。

他说：“我要去拿燃料，我还要回来！”

为了避免误解，当管理者从别人嘴里听到对某个下级的不确定的“错误言行”的汇报时，最好能和这个下级沟通一下，给人家一个说话的机会，因为，很可能这是一件捕风捉影的事。同事之间也是一样，一定要用眼睛而不是耳朵评判人。

2. 合作的保障

合作的保障是及时果断地清除组织中的“病变”。大家一定知道酒和污水的定律。即如果把一勺酒倒进一桶污水中，我们得到的是一桶污水；而如果把一勺污水倒进一桶酒中，我们得到的还是一桶污水。几乎在任何组织里，都存在着个别人，他们存在的目的似乎就是为了把事情搞砸。他们搬弄是非、传播谣言、破坏组织内部的和谐。最糟糕的是，他们就像一个腐烂的苹果，如果你不及时处理，它就迅速传染，直到把周围所有的苹果都弄烂。

“烂苹果”的可怕之处在它惊人的破坏力。一个正直能干的人可能会把一个混乱的部门引向正轨，而一个无德无才者却能很快将一个高效的部门变成一盘散沙。因此，在一个组织中，如果没有对“坏人坏事”的严肃处理，就不可能有高效的团队合作。

3. 高效的合作

高效的合作是同向同步与共振共鸣。一个好的集体应该是一个优秀的团队，而一个优秀的团队，一定是上下认知水平一致的集体。同一个团队中，只有大家彼此配合，心往一处想，劲往一处使，才能使团队合作发挥最高的效率，而高效率的团队精神才是企业真正的核心竞争力。

目前，合作双赢已经成为现代企业的核心竞争力之一。在企业内部，随着知识经济时代的到来，知识、技术不断的更新，企业管理层所面临的情况也越来越复杂，单靠个人能力已经很难完全处理各种错综复杂的信息，并采取切实高效的行动，所有这些都要求组织成员之间进一步相互依赖、相互关联、共同合作。在合作中实现双赢的效果，可以使个体思想观念一致、感情融洽、行动协调，使得群体的功能大于个体功能之和，使企业整体方向一致，内部优势组合，产生良好的工作效果。

【狼性团队说】

在市场竞争日益激烈的环境中，一种全新的企业之间和企业内部的“竞合”浪潮逐渐在经济界、企业界形成，并逐步替代过去那种你死我活的单纯竞争。既合作，又竞争，在竞争的基础上进行更广泛、更深入的合作，以共同推进企业发展与繁荣，达到“双赢”的目的是“竞合”的基本特征。

明确分工，各司其职

狼者，群动之族
攻击目标既定
群狼起而攻之
头狼号令之前
群狼各就其位
欲动而先静

欲行而先止

且各司其职

嚎声起伏而互为呼应

默契配合，有序而不乱

头狼昂首一呼

则主攻者奋勇向前

佯攻者避实就虚

助攻者蠢蠢欲动

后备者厉声而嚎以壮其威

……

——【狼性宣言】

众所周知，在一个团队中，唯有合作才能众志成城，才能有所成就。合作固然重要，但也要懂得分工，分工才能各司其职，才能分层负责。人体上的眼耳鼻舌各司其职，就是分工；五指握紧成拳，就是合作。但是，五指要能互用无碍，拳掌要能舒卷自如，才能成为一个五官健全、身体正常的人。在军事作战上，也有所谓的“分进合击”战术，经由不同的路线分别向目标包围，才能一举歼灭敌人。所以，当合作时要全力以赴的合作，当分工时也要做适当的分工。下面这个历史故事可以帮助我们更好地理解这一点。

有一次，韩昭侯由于心情不好多喝了几杯，喝醉了就趴在几案上睡着了，这时专门为他管帽子的人怕他着凉，就在他身上披了一件衣服。

韩昭侯一觉醒来，发现身上加了衣服，就问下人：“谁给我加的衣服？”下人回答说是管帽子的。于是，韩昭侯下令把管衣服和管帽子的一同治罪。

权责越位的人不仅得不到任何好处，反而会与疏忽渎职者一同被治罪。其实，明确分工的说法暗含着“不在其位，不谋其政”的意思，就是要求做人做事都要根据自身情况，将自己分内的事做好就行了，千万不要插手另一件事。我们再来看一个例子。

汉文帝时期，大功臣周勃被拜为右丞相，陈平为左丞相。周勃与陈平共辅国政，忠心耿耿，但有一次周勃却被汉文帝问得冷汗直流，自惭不已。

有一天，汉文帝问周勃："天下一年内，决狱几何?"周勃回答不出。文帝又问："每年钱谷出入多少?"周勃又无言以对。

汉文帝心中不快，转问陈平，陈平从容奏道："这些事自然有人知道。决狱几何，可问廷尉；钱谷多少，可问治粟内史。"汉文帝听了很恼火，就责问陈平："照你这么说，那你这个宰相是干什么的?"陈平又从容回答说："宰相的职责，上佐天子，下抚百姓，内使卿大臣各尽其职。"

陈平这番话答得何等巧妙。意思是说：当宰相的就是考察各大臣是否尽职，至于像决狱、钱谷一类的情况，只要管这个部门的大臣了解就可以了。丞相作为皇帝的直接助手，一人之下，万人之上，他的职责就是"上佐天子，下抚百姓，内使卿大臣各尽其职"，这就是"在其位，谋其政"。正因为如此，不可能对各种具体事务管得细致入微，陈平如果样样清楚，样样都管，那将是"越局滥职"，就是"不在其位而谋其政"。就重视行政分工，强调各司其职来讲，陈平的回答，是非常正确的。

汉文帝原本以为陈平是在说自己问错了对象，这会才知道他是在说明各司其职的道理，立即转怒为喜，称赞陈平回答得好，讲得对。

有人认为陈平的这一回答是"狡辩"。但笔者认为，这不仅展示了陈平作为政治家的气度，而更重要的是他懂得"不在其位，不谋其政"与"在其位，谋其政"的辩证关系，这就是"明确分工，各司其职"的最好诠释。

因此，我们要明确分工，注重实干，少发议论；提倡人人各司其职，避免相互内耗；严明责职权限，根除踢皮球、乱扯皮现象；可以避免外行干扰内行和不经切身经验、不明情况的胡乱干预。对于一个国家或组织来说，这无疑是一种提高组织效率的有效办法。

【狼性团队说】

明确自己的分工，不要随便议论、批评自己本职工作以外的事情；完成自己的职责，不要越组代庖，超越自己的职责、身份去染指他人的事。这是每一个成员都必须遵守的团队纪律。

下篇

狼群至上，打造团队的狼性文化

一条条个体的狼，如何才能将它们融合成一个狼群？这就需要有狼群文化；企业的一个个员工，如何才能将他们整合成一个团队？这就需要有企业文化。无论是狼群，还是团队，只有融入文化，才能形成一个有机的整体。也正因为如此，很多人将团队文化比喻成『团队粘合剂』，缺少这一点，团队将会分崩离析，毫无战斗力可言。

第九章

认同并融入狼群

一条狼，要想真正融入整个狼群，就必须认同这个狼群的一切。一个员工，要想融入一个团队，同样需要认同团队的一切。如果没有认同感，那么，你就会和这个团队产生冲突，也就不可能在这个团队当中生存和发展。

为狼群目标而奋斗

狼群的目标
就是我们生存的方向
只有为之奋斗终身
我们才能获得更大的生存空间
才能有更大的力量
在和猎物的角逐中
我们才能更加轻而易举地击倒对方
……

——【狼性宣言】

任何一个狼群，都具有自己的目标。当然，这种目标是指除了生存之外，还有其他的目标。比如红嘴狼群的目标就是扩大自己狼群的地盘、让周围的其他狼群都臣服于自己。虽然这个目标有点困难，但是红嘴狼一直带领着自己的狼群开疆拓土，为达到这个目标而努力奋斗。

那么，红嘴狼群的努力有没有效果呢？从它所占领的越来越大的领地面积来看，这种努力是相当有效果的。在红嘴狼群的带领下，不仅整个狼群的数量变得相当庞大，而且实际控制的领土面积也越来越大。

试想，在红嘴狼群还没有当上头狼的时候，整个狼群也就只有几条成年狼，而且实际控制的面积也只有不到 5 平方公里，要想在这样一个小的范围内捕获足够多的猎物生存下去，是一件不容易的事情。可是当年的头狼因为已经进入老龄化，无论是智力、能力还是胆量都已经退化了。正如我们常见的团队领导人一样，一旦进入老年化，他所作出的决策、方案都明显地失去了当年的锐气，如果再这么下去，整个团队就有可能陷入万劫不复之地。

也就是在这个时候，红嘴狼萌生了冲击头狼地位的念头。不过它也知道，这是一件非常冒险的举动，只可成功，不可失败，万一失败，自己很可能从此失去这个狼群的庇护，即便是原来头狼愿意让它留下，它在狼群的地位也会下降。可是它实在不愿意跟着原头狼这么“浑浑噩噩”、“没有生气”地过日子。终于在捕猎又一次失败的归来路上，红嘴狼和原头狼“摊牌”了。

经过一阵激烈的撕咬之后，原头狼败退了，乖乖地低下了高傲的头颅，匍匐在红嘴狼的身边，舔舐它的毛发。就这样，红嘴狼当上了这个狼群的头狼，开始了它的“首领”生活。刚开始发展的时候，狼群的生活真的很艰苦，既要捕猎填饱肚子，又要想方设法扩大自己的地盘，而每每此时，都要和自己的同类，周围的狼群厮杀一阵，成功了还好说，要是失败了，不仅得不到地盘，而且还会失去地盘。特别是面对一些大狼群的时候，红嘴狼为了减少不必要的伤亡，一般都会主动“割地乞和”。也就在这个时候，红嘴狼真正明白了狼群存在的意义：只要自己的狼群足够大、那么狼群的地盘就会开始扩大，自己以及整个狼群就不会受到“欺负”。

制订了奋斗目标之后，红嘴狼就带领着自己的狼群忙碌开了。首先是捕猎，只有足够多的猎物，狼群才能获得足够的营养，母狼才能为传宗接代做好准备。其次是接纳“外来人口”。在遇到一些流浪狼、或者一些没有狼看管的小狼，红嘴狼都会一一进行收留。从表面上，红嘴狼是一个“草原慈善家”，专门收养那些无家可归的狼，其实，红嘴狼是在为壮大自己的族群而尽一切可能。因为它明白，只有先增加狼群之中成年狼的数量，才能在和周边狼群的拼杀之中获得胜利，那些失去的地盘才能要回来。

就这样，经过一年多的发展，红嘴狼群中狼的数量开始增加，特别是狼群中原有的母狼在原头狼还在“领导”岗位上的时候，就已经怀孕，现在这些小家伙已经渐渐长大，再过一段时间就能加入到狼群之中，这样，狼群中将有 10 条成年狼，那个时候，狼群的实力将会大大增强，这等于向着狼群的目标又迈近了一大步。

例如，福特汽车之所以能在上个世纪短短的几年时间里获得强劲的发展，和它所制订的正确的目标和整个福特人为这个目标而努力奋斗是分不开的。

20世纪初，汽车还只是为富人们所专有，价格昂贵，性能也谈不上稳定可靠。福特公司想要使得更多的人拥有汽车，于是就提出了“为大众制造汽车，制造工人们都买得起的汽车”的战略目标。为了达到这个目标，福特公司就必须降低生产和制造成本。

那么，如何才能降低生产和制造成本呢？福特公司从以下几个不同的方面入手：

第一，设计更加经济实惠的车型，去掉那些可有可无的装饰和配置，这样不仅能减少成本的投入，而且能缩短汽车的生产周期，同样能减少人工成本的投入。最后他们设计出一块更加坚固结实、易于操纵的T型车。

第二，在全世界范围内率先使用生产线。在这方面，福特向芝加哥一家肉品包装厂学习，建立装配线，并限定一条生产线只生产一种汽车。这一突破性的举措，实现了大规模生产，并最终使福特的梦想变为现实。

正是因为整个福特公司的努力，福特汽车才能在短时间里脱颖而出，一度成为汽车制造行业的领头羊。

【狼性团队说】

一个团队，要想获得成功，必须具备两个方面的因素：第一，清晰而明确的奋斗目标；第二，全体人员都为团队的目标而努力奋斗。这两者是相辅相成的，缺一不可。特别是后者，更是直接关系到一个团队能否很好地生存、获得飞速的发展。

条狼应该服从群狼

条狼的力量是有限的
离开了群狼
就等于放弃了生存的机会
这决定了条狼应该无条件地服从群狼

只有跟紧群狼
我们才有食物
才有生存
……

——【狼性宣言】

在狼群中，头狼往往都是以狼群的代表身份出现的。即头狼的意思就是狼群的想法，那么，狼群中的狼服从头狼其实也就等于服从狼群。在很多人心目中，狼群是一个类似于封建王朝、从上而下绝对统治的体系，只要头狼有什么想法，狼群就得去执行。在整个体系中，狼群仅仅扮演了“执行者”的身份，而完全没有“参政者”的职权。其实并不是这样，狼群也有自己的沟通体系，即狼群中有什么意见，可以和头狼获得沟通，头狼有什么想法，也可以和狼群获得沟通。虽然我们暂时还不知道狼群之间到底是如何进行沟通的，但是有一点是可以肯定的：头狼并不是一个独断专行者。狼群真正所服从的不是头狼，而是狼群本身。

记得有一次，红嘴狼鉴于当时的情况决定将整个狼群进行搬迁，以躲避暴风雪的肆虐和牧民的追杀。那么，到底该往哪个方向搬迁呢？当时有两个可以选择的方向：往东走，这样可以远离牧民的追杀，但是暴风雪依旧很大。第二个选择是往南走，这样不仅可以远离牧民的追杀，还能在温暖的地方捕获猎物，但是这一路迁徙，很可能要遇到其它狼群，产生摩擦。两种选择，都有各自的优缺点，一时间狼群陷入了迷茫之中。

最后，经过商讨，狼群中大部分的狼都认为狼群应该往南走，只有其中一条狼决定往东走。既然如此，红嘴狼就发挥出了头狼的作用，命令那条狼跟着狼群往南走。就这样，狼群的第一次迁徙获得了成功。

在狼群中，条狼应该服从群狼，而在人类的团队生活当中，就应该是个人服从团队。只有无条件地服从，这个团队的力量才能凝聚起来，发挥出最大的威力。

企业是一个命令系统。在一个企业中，若下属不能无条件地服从上司的命令，在达成共同目标和实现目标的过程中就会出现障碍，反之，如果命令系统的运转正常，此企业必会胜人一筹。曾有人这么说过：“军人的第一件事情就是学会服从，整体的巨大力量来自于个体的服从精神。

在公司中，我们更需要这种服从精神，上层的意识通过下属的服从很快会变成一股强大的执行力。”

企业和军队一样，它是一个层级分明的权力体系，企业意志的贯彻主要是通过庞大的层级领导网络来贯彻的。值得注意的是，企业意志不等于任何个人意志。因此，一个健全的现代企业没有独裁，就像一个现代民主国家没有专制君主一样。著名的蓝顿公司总裁L·哈曼常常对他的部下说：“你们不要把我看作公司的绝对权威，公司的绝对权威不是我，而是公司本身。公司的利益是最高的命令，我必须无条件服从公司的命令，如果我有什么权威，那也是服从公司命令的结果，我只是代表公司的利益说话。”

的确，在贯彻公司的意志、追求公司目标的时候，任何一个公司的成员，从一般员工到公司总裁都必须服从这个最高的命令，而这个最高命令的实施则要靠层级权力的有效贯彻，也就是说，只有当每一级领导都意识到自己应该服从哪一级领导的命令，都明白自己的权力只是贯彻上级意图的工具而不能随心所欲地滥用时，企业整体的权力系统才能高效率地运行。就此而言，服从权力的权力才是企业领导应有的权力。意识到这一点，一个企业的领导，无论职位的高低，就会有一种敬业服从的激情，这种激情会像空气一样弥漫在他所领导的部门之中。

一位人力资源部门经理，在给员工进行培训时讲了他的一次亲身经历。他对公司员工说，他一辈子都不能忘记那次经历，而且他要组织公司的员工也接受这样的一次训练。他想让员工知道，什么是“小我服从大我”。

这是一次野外拓展的训练。

一群陌生的人组成一个团队。我们需要完成四项任务，每一项任务都需要集体来完成。如果有一个人没有完成，那么输掉的将是整个团队。

每一项任务都极为艰难。不过还好，我们这支叫做‘狂飙”的队伍已经完成了艰难的三项，只剩下最后一项任务了：“一线生机”。任务要求队员必须爬到十米高的一个立柱上，然后站到立柱顶端的一个圆盘上，接着向斜前方纵身一跃，凌空抓住距离自己有1.2米远的一根横木。据这里的管理人员说，有很多人站到圆盘上不敢站起来，甚至都吓哭了，更别说完成任务。没有一个队员有足够的把握完成任务，很多人甚至连勇气都不足。但是必须完成，否则所有的努力都将前功尽弃。

总会有一个人敢吃螃蟹，在其他队员近乎喊破嗓子的呐喊加油声中，这个敢吃螃蟹的人成功了。大家相互鼓励，一个接一个地都完成了任务。轮到最后一位了，一个娇小的女生。当她刚刚爬上立柱的时候，我们就看到她的腿在发抖，而且越抖越厉害。我知道，其实很多人都知道，我们肯定要输了。但大家还是给了她最坚决最热烈也最振奋人心的支持、鼓励和指导，因为那个时候输赢已经不重要了，大家就是觉得不能让她一个人落下。这是我们的责任，她是我们的队员，我们有责任带她一起走。

当我们的心已经提到嗓子眼儿的时候，她已经蹲在圆盘上了。看得出，能够站起来对她来讲都是极为艰难的事情。大家还在拼命加油，虽然大家都知道，对于站在十米高圆盘上的她而言，我们的声音已经很微小了，她甚至根本听不清我们在说什么，但我们能做的只有这些了，而且我们必须把我们能做的做好，这是责任。她真的站了起来。我们知道，一个人站在上面真的很困难，无依无靠，甚至有些孤独，尽管是一刹那间的。所有人都摒住了呼吸。

好像是在等了好久之后，她纵身一跃。我们都闭上了眼睛。我觉得那一刻，我比她更紧张。她成功了，之后是雷鸣般的掌声，我还记得当时我的手都拍疼了。不光是因为胜利，最主要的是完成了任务。我们的任务，还有她的任务。我们没有丢下她，她也没有让我们失望。

后来，这个女生对我们说她有轻度的恐高症，“但是，我不能放弃，我的放弃会使整个集体输掉”。她的话像锤子一样重重地砸在了我们的心里，我们知道，那是服从的力量。服从来自于对集体的珍惜和热爱，来自于对集体每个成员的负责，来自于对自我的一种认定，来自于生命对自身不断超越的渴求。

我们赢得了最后的胜利，而且只有我们一支队伍完成了任务，也是迄今为止第一支完成任务的队伍。我们被授予了勇士勋章。勋章上写着：责任即荣誉。

【狼性团队说】

既然是一个团队，就不容许有“离经叛道”的情况出现。在高手林立、竞争如此激烈的社会中，我们只有让自己真正融入到团队中去，服从绝大多数团队成员的意思才能获得更好的生存、团队的执行力才会得到提升、这样的团队才能成为一个无敌团队。

想想我能为狼群做什么

我们很少亢奋
很少嗥叫
并不仅仅是因为我们低调
更是因为我们善于反思
反思自己还能多做些什么
对于我们自己来说
这是一种额外的责任
而对于狼群来说
这就是一种额外的生存力
……

——【狼性宣言】

在狼群中，虽然有着严格的责任分配制度，但是很多成年狼还是情不自禁地完成了本不应该自己完成的任务，比如说在进食之后原本应该休息的时候，它们当起了安全责任员，警惕周围的安全，让其余的狼在一个相对安全的环境下进食；还有的母狼在自己的小狼崽夭折之后，会把自己的奶水贡献出来，喂养狼群中的其它狼崽，以保证它们的存活率……

这些看起来虽然只是小事情，但是从中我们却得到了一些感悟：一个优秀的员工并不仅仅是指那些能够执行领导命令的员工，而且还是那些能够主动为团队付出的人。

作为企业团队中的一员，不应该抱有“我必须为老板做什么”的想法，而应该多想想“我能为老板做些什么”。这是因为，仅仅尽职尽责是根本不够的，还必须做得比自己分内的工作多一点点，比老板期待的更多一点，你才有可能吸引更多的注意，为自我的提升创造更好的机会。

做自己职责范围之外的事，并不是员工应尽的义务，而是员工为了驱策自己快速前进所做的自愿选择。率先主动是一种极其珍贵、备受看重的品质素养，它能使人变得更加敏捷、更加积极。无论是管理者，还是普通职员，“每天多做一点”的工作态度绝对可以使他从竞争中脱颖而出。对老板而言，这可以使他的老板、委托人和顾客关注他、信赖他，从而为他提供更多的机会。对员工而言，尽管每天多做一点工作会占用一些私人时间，但这一做法会使他赢得良好的声誉，受到同事的尊重，得到老板的赏识。

因此，你应该养成“每天多做一点”的好习惯，其主要有如下两个原因：

第一，一个人在养成了“每天多做一点事”的好习惯之后，与四周那些尚未养成这种习惯的人相比，已经具有了很大的优势。这种习惯会使他无论从事什么行业，都会有更多的人指名道姓地要求由他来提供服务，这将为他的生存消除后顾之忧。

第二，如果希望让自己得到锻炼，唯一的途径就是从事最艰苦的工作。

社会在进步，公司在发展，个人的职责范围也在随之不断扩大。不要总是以“这不是我分内的工作”为借口来逃避责任。当一些额外的工作分配到你头上时，不妨视之为一种机遇，这些机遇也许会为你带来意想不到的效果。

提前上班，别以为没人会注意到。提早一点到公司，就可以说明这个员工十分重视这份工作。每天提前一点上班，可以对一天的工作简单地做个规划，当别人还在考虑当天该做什么时，你已经走在了别人的前面了！所有的这一切，老板都会看得一清二楚。

有人曾经研究过，为什么当机会来临时，我们却无法确认？因为机会总是乔装成了“问题”的样子。当顾客、同事或者老板交给你某个难题时，也许正是为你创造了一个宝贵的机会。对于一个优秀的员工而言，公司的组织结构如何，谁该为此问题负责，谁应该具体完成这一任务，都不是最重要的，在他心目中唯一的想法就是如何将问题解决好，将自己能够做到的事情做好。

对于那些刚刚踏入社会的年轻人来说，要想取得成功，必须做得更多、更好。一开始，他们也许从事销售、市场、文秘、会计和出纳之类的事务性工作，但是这并不是他们一辈子的职业，而是走向高层的基础工作。只有练好了基本功，打好基础，才会有成功的一天。因此，若你也想成为成功人士的话，那么，除了要做好本职工作之外，还要做一些不同寻常的事情来培养自己的能力。

付出多少，得到多少，这是一个公平的因果法则。也许你的投入无法立刻得到相应的回报。不过，你不要气馁，应该一如既往地多付出一点。回报可能会在不经意间，以出人意料的方式出现。最常见的回报当然就是晋升和加薪。

对诸多成功人士的成功经验的研究也反复证明了额外投入的回报原则，尤其是在这些人早期创业时，这条原则尤显重要。当他们的努力和个人价值没有得到老板的承认时，他们往往会选择独立创业，在这个过程中，早期的努力便使其大受裨益。他们付出的努力如同购买了一份事业的保险，当遇到不测时，保险会解决投保人的燃眉之急，而早期的付出也会帮他们渡过事业的难关。

要想成为一名成功人士，还必须要树立起终身学习的观念。既要学习专业知识，也要不断拓宽自己的知识面，有一些看似无关的知识，却往往会对未来起着巨大的作用。而“每天多做一点”完全能够给你提供这样的学习机会，如果你肯这样做，你就会发现，当你所掌握的知识比别人多的时候，“好运”自然也就会降临到你的头上了。

因此，每一个员工都必须要在每天上班前，问问自己：我能为公司做什么？抱着这样的态度，想不成功恐怕都是一件难事呢！

【狼性团队说】

一个优秀的团队，其中的团员不仅仅能够很好地完成领导交予的任务，而且还能在完成任务之余，主动地为团队多做一些事情。当然，一旦这些人懂得承担额外的责任之后，团队的执行力就会获得提高、竞争力和生存力也就能得到加强。

承担狼群的责任

我是一条狼
除了要不断的厮杀之外
还要承当狼群的责任
这是我的任务
也是我的荣誉
对此
我绝不会选择逃避或者推诿
……

——【狼性宣言】

一个狼群，真正承担责任的不仅仅也不应该只是头狼，狼群中的每条狼都应该承担相应的责任。同样的道理，一个团队之中，真正承担责任的不仅仅也不应该只是领导者，任何一个身在其中的团队成员都应该承担起自己的责任。

一位曾多次受到公司嘉奖的员工说："我因为责任感而多次受到公司的表扬和奖励，其实，我觉得自己真的没做什么，我很感谢公司对我的鼓励，其实，担当责任或者愿意负责并不是一件困难的事，如果你把它当作一种生活态度的话。"

现如今，在很多教育中，就有关于责任感的训练。注意生活中的细节也有助于责任的养成。大家都说习惯成自然，如果责任感也成为一种习惯时，也就慢慢成了一个人的生活态度，你就会自然而然地去做它，而不是刻意去做的。当一个人自然而然地做一件事情时，当然不会觉得麻烦和辛苦。

当你意识到责任在召唤你的时候，你就会随时为责任而放弃别的什么东西，而且你还会觉得这种放弃对你来讲很容易的事。

比如对于承诺的信守，这就是你的责任。一旦你做出的承诺都会守信，别人可能会对你的承诺守信表示赞美，你可能就不会欣欣然而喜，因为你觉得自己本该这么做，这是你的一种生活态度。

比如守时也是一个人最基本的责任。要知道，一个人的不守时就等于在浪费别人的生命。此时，不妨问问自己，我们能够有能力承担这样的后果吗？当然，在我们的生活中，总会遇到一些不守时的人，而他们自己对此却不以为然，这也是他们的一种生活态度，而这种态度却是我们不敢苟同的。

所以说，负责任是一种生活态度，不负责任也是一种生活态度。

作为企业的一名员工，有责任遵守公司的一切规定。当你违背了公司的规定但却没有足够的理由时，形式上的惩罚其实并不能掩盖你对自身责任的漠视。

比如，你上班时迟到了五分钟，公司可能就扣掉了你当月的奖金，你很可能对公司的处理愤愤不平，“不就迟到五分钟吗？有什么了不起的，也不会有多大影响。”其实，如果你仔细反思一下自己，公司的每个人每天都迟到五分钟，那会怎么样？你违背了公司的规定，公司如果没有对你进行处罚，那么对别人呢？公司的规定岂不是形同虚设？有人曾严厉地提出：“一个没有规范制度的公司，根本不会有什么前途。”所以，遵守公司的规定是每一个员工必须遵守的责任，你的这种想法只能说明你没把自己的责任当成一回事。

当你已经习惯了别人替你承担责任，那么，你将永远亏欠别人，你的腰板就永远也不会挺直。所以，一定要把负责任作为一种生活态度。这样才不会觉得责任会给自己带来压力，也不会因为自己承担责任而觉得别人欠了你什么。

尤其是当责任由生活态度变成为工作态度时，工作对于自身的意义就不仅仅是赚钱那么简单了。当你有了端正负责的工作态度时，自然就不会因为公司的规定而觉得自己的自由受到了羁绊，更不会做出有损公司利益的事了。

作为员工，不要总抱怨老板没有给你机会，有空的时候不妨仔细想一想，你是否能够漂亮地完成老板交给你的任务并且没有那么多的抱怨？你是否平时就给老板留下了一个能够承担责任勇于负责的印象？如果没有，你就别抱怨机会不来敲你的门。

当你少一些抱怨、少一些牢骚、少一些理由，多一分认真、多一份责任、多一分主动的时候，你再看看机会会不会来敲你的门？

每个企业团队都有其独特的文化，有些已经比较完善并有系统的阐述，有些还在形成与发展的过程中，还没有很明确系统的阐述；而一个团队能够发展到一定的规模，一定有它自己的成功经验和内在道理，所以一个团队的文化中，总是有积极和独到的因素，蕴涵着为团队成员所认同的核心价值。团队成员加入团队后，一般也是对独特文化和其核心价值体系有所了解以后才进行选择的。

由于企业文化认同将在深层次上影响到员工的价值观念和价值判断，进而影响到员工的外在行为表现、团队互动习惯和对外沟通方式，所以，如果新人不能较快的领悟及接受本企业的文化，将会在领会管理意图和工作目标的过程中，出现程度不一的偏差，并在与团队的互动中出现不和谐，有时甚至造成严重的沟通障碍或心理误解，是阻碍新人成长与团队协作效率的深层次原因之一。

因此，团队领导人要抽出时间和团队成员就企业文化的形成、企业文化核心价值及其内涵、企业倡导的行为等与新人进行沟通，分享自己的理解。

团队领导人应善于利用企业文化中的积极因素，鼓励团队成员确立与团队协调一致的价值观念和价值判断标准。

团队成员应主动探询企业文化核心理念的起源和内涵，深入理解为什么团队会将之奉为价值准则，以及这些企业文化如何外化为员工的行为习惯，在遇到疑难问题时企业文化中的价值导向如何影响团队的最终决策。

团队成员应主动掌握企业文化的外在表述，和特定的表达方式，形成与团队和谐一致的言行习惯。

团队成员应逐渐将企业使命、团队目标与自身使命和目标进行结合，寻找其中的内在联系，找到并肯定自己的工作对于企业和团队的价值。

当团队成员由衷地认同于企业的核心价值观念，形成与团队一致的价值判断，自身行为习惯与团队成员相协调时，他（她）会在团队中感觉到非常和谐、与团队成员的协作非常有效率，这种归属感将能够使

得新人焕发出更加深厚持久的工作激情；团队的认同与接纳，自然而然地带来新人更加积极的行为。新人也能在这个过程中，非常愉快地成长。

【狼性团队说】

如果把团队比喻成舟的话，那么，团队成员的努力、承担责任的行为就是水。只有水够满，舟才能安全通过，否则很有可能会搁浅或者触礁沉船。这就意味着只有团队成员主动地为团队承担责任，贡献自己的能力，才能更快更好地融入团队，这个团队也才能获得更好的发展。

第十章

舍得为狼群奉献自己

在狼族的心目中，条狼是小，而狼群是大。在关键时刻，一些狼会为了自己的狼群而牺牲自己。特别是在食物缺乏、被追杀的情况下更加容易出现这种牺牲自我的精神。相比较而言，人类的团体在这方面做得就非常不够，争权夺利不说，连最基本的责任都不想承担，那么，这样的团队还能有好的发展前途吗？

一条舍身成仁的狼

我是一条狼
渺小而不值一提
为了整个的狼群
我愿意付出自己的生命
对于狼群来说
这是幸运
对于我来说
这是一种荣誉
……

——【狼性宣言】

我们曾经看过《上甘岭》的电影、或者听过老志愿军讲述上甘岭战斗的惨烈情况。其实，在这场战争里面最为打动人心的并不是战斗的惨烈，而是中国人民志愿军身上所表现出来的奉献精神。在极度缺乏水资源的情况下，这些中国人民优秀的儿女并不是想着自己，而是想着别人，想着他们的首长、战友……一个苹果，一个排的士兵吃，最终还是没有吃完，最后又落到了排长的手里……一壶水，一个连的战士喝，最终还剩下大半壶，连长拿着沉甸甸的大半壶水不知道说什么好……

那么，这些战士是真的不渴吗？不是，他们很渴，他们很想好好地喝一口水，吃一个苹果。但是他们没有这么做，因为资源有限，自己享用完了，自己的战友、首长也就没有了。在他们身上，我们看到了团结、看到了团队成员之间的奉献精神。

其实，在很多时候，狼群所表现出来的奉献精神也值得人们的深思和学习。特别是在猎物极度缺乏的季节，狼群中一些老弱的狼会自动绝食，任凭自己的生命在饥饿中一点点地消逝。它们留下食物给那些年轻的、正当壮年的成年狼。因为它们知道，只有让这些狼活下去，整个狼群才会有希望，而老狼死去对狼群不会有太大的威胁。

这样的事情在人类听来可能有些不可思议，但是真真实实的情况就在红嘴狼的狼群中发生过。那个时候，红嘴狼还是狼群中的一条小狼，虽然已经成年，但是捕猎技术还没有达到一定的火候。那年正好赶上西伯利亚寒流南下，铺天盖地的暴风雪整整下了一个多星期。草原上的积雪足足有一人多高，特别是在迎风的山坡上，积雪更是厚得吓人。在这样的天气中，很多动物都冬眠了，可是狼并不是冬眠的动物，它们每天都需要食物，否则就会被活活饿死。

可是暴风雪如此之大，又有什么食物能猎取呢？当时的头狼带着狼群义无反顾地走上了捕猎的道路，一路上，头狼为了开路，耗费了不少体力，可是始终没有看到一个猎物群，即便是野马群也没有。无奈之下，狼群只有往回赶。就在它们走到半路的时候，头狼敏锐的鼻子闻到了什么，它迅速带着狼群向着那个方向前进。在经过一番跋涉和搜寻之后，狼群找到了一只小羚羊的尸体，狼群开始欢呼雀跃。可是头狼知道，这只小羚羊根本就不够狼群填饱肚子，首先，应该让母狼和小狼先吃。于是，群狼什么都没有吃，在头狼的带领下把猎物叼回了洞穴。

看到头狼仅仅只带了一只小羚羊的尸体回来，留在洞穴之中的狼瞬间明白了事情的严重性，其中一条狼一声不吭地站了起来，朝着外面走，走到洞穴门口的时候，它又转了回来，对着狼群发出了低沉，近乎绝望的嗥叫之声，然后慢慢地走出了洞穴，消失在了茫茫的风雪之中。就在它做着这一切动作的时候，狼群中的一些狼开始变得有些骚动，其中就包括红嘴狼，它还曾经试着用嘴咬住哪条狼的脚，不让它离开。按照狼群的辈分来说，那条狼是红嘴狼的“叔叔”，因为“年纪”太大，已经失去了捕猎的能力，靠着狼群赡养。现在，它离开了狼群，就意味着去“送死”，这样就能给狼群减少压力，保证狼群的有生力量。

一个星期之后，狼群在离家 2 公里的地方找到了这条狼的尸体，已经被冻成了冰疙瘩，干瘪的肚皮黏在了一起。刹那间，群狼发出了地动山摇的嗥叫声，晶莹剔透的眼珠周围闪动着星星点点的亮光，大家都知道，那是狼的眼泪。从不落泪的族群，此刻，为了一条舍身成仁的同类破了例。

这条老狼以自己的行动表达了对狼群的奉献，它用自己的生命谱写了一首奉献的赞歌。

一条舍身成仁的老狼，让人类为之动容，它让人类钦佩不已。回想身在团队中的我们，常常因为一些小事而推卸自己的责任，不懂得为团队奉献自己的力量，和这条狼相比，我们又有什么脸面继续“不负责任”下去呢?

人，自称是“唯一具备感情”的高级动物，可是此时此刻，我们却感到汗颜，感到困顿。也得到了一个新的启示：要敢于、善于为自己的团队付出。只有团队成功了，你才能真正的成功，即便在这个过程当中，你可能会失去一些利益。和团队的整体利益相比，你的小利益又算得上什么呢?

当然，我们在团队之中，没有“舍身成仁”的悲壮，也不需要如此沉重的付出，只要我们承担起自己应该承担的责任、善于比别人多付出一些，那么，这个团队就会有希望，团队的目标就会成为现实。要知道，这样做不仅仅是对团队负责，更是对自己负责。

【狼性团队说】

只有主动地对自己的行为负责、对公司和老板负责、对客户负责的人，才是团队中最优秀的员工。对团队中的每个成员来说，与团队共命运永远都是你的神圣职责。因为，团队的命运将直接影响到你个人的前程。

注重狼群的命运

我隶属于这个狼群
那么，我就是狼群的一分子
狼群的命运与每条狼息息相关
我们只有时刻注重狼群的命运
才能把握自己的命运

换句话说

关注狼群就等于关注自己

……

——【狼性宣言】

整个狼群的发展和生存，并不仅仅只是和头狼有关，和整个狼群都有着密切的关系。也就是说，一个优秀的狼群，并不仅仅只有头狼在关注狼群的命运，而是所有的狼都在关注着。

这一点在红嘴狼群中表现得最为突出，这种表现主要体现在以下两个方面：

第一，表现在哺育小狼上。红嘴狼群是一个比较大的狼群，狼群中有几条成年的母狼，几乎每年都会下崽，为了照顾这些小狼崽，头狼红嘴狼除了会让母狼照顾狼崽之外，还会派遣额外的“保姆”照顾这些小生命。特别是在母狼跟随狼群外出打猎的时候，头狼更是会派遣足够多的“狼保姆”来履行保护的职责，而狼群中的这些成年狼也都能恪尽职守地完成任务，尽心尽力地保护好这些小狼。

第二，表现在猎物的分配上。一般情况下，猎物的分配要满足捕猎者的需求，也就是说，只有等捕猎者进食完之后，其它的狼才有资格进食。为什么说这样做就是注重狼群的命运呢？理由很简单，只有让这些猎手填饱肚子，它们才有力气、有激情去捕猎，狼群才会有更多的食物。否则，一味地讲求公平反而不利于狼群的发展。

在很多人的眼里总是认为我为公司工作，公司发给我薪水，这是天经地义的事情。至于公司如何发展，与我没有任何关系。哪一天一旦公司走向衰落，我换个公司就可以了，持这种观念的人实在可悲。他们从来没有认识到公司与自己的命运有着千丝万缕的联系，他们不知道公司的发展不仅有利于老板，更有利于自己。相反，那些懂得为企业发展作出贡献、出谋划策的员工总是能获得老板的青睐。而自己在整个团队之中也能获得很好的发展。

鲍勃刚刚大学毕业不久到一家钢铁企业工作，工作还不到一个月的实习，就发现很多炼铁的矿石并没有得到完全充分的冶炼，一些矿石中还残留没有被冶炼好的铁。如果照这样下去，企业岂不是会有很大的损失？

鲍勃接连找到负责这项工作的工人和工程师，告诉他们矿石没有冶

炼充分，但他们都不以为然，他们并没有像鲍勃那样把这种事看成一个很大的问题。但是鲍勃认为这是个很大的问题，于是拿着没有冶炼好的矿石找到了企业负责技术的技术部主管，他说："先生，我认为这是一块没有冶炼好的矿石，您认为呢？"

技术部主管看了一眼，说："没错，年轻人你说得对。哪里来的矿石？"鲍勃说："是我们企业的。""怎么会，我们企业的技术是一流的，怎么可能会有这样的问题？"技术部主管很诧异。"工程师也这么说，但事实确实如此。"鲍勃坚持说道。

"看来是出问题了，怎么没有人向我反映？"技术部主管有些发火了。技术部主管召集负责技术的工程师来到车间，果然发现了一些冶炼并不充分的矿石。经过检查发现，原来是监测机器的一个零件出现了问题，才导致了冶炼的不充分。

企业的老板知道了这件事之后，不但奖励了鲍勃，而且还晋升鲍勃为负责技术监督的工程师。老板不无感慨地说："我们企业并不缺少工程师，但缺少的是负责任的工程师，这么多工程师就没有一个人发现问题，而且有人提出了问题，他们还不以为然，对于一个企业来讲，人才是重要的，但是更重要的是对企业忠诚的人才。"

鲍勃从一个刚刚毕业的大学生成为负责技术监督的工程师，可以说是一个飞跃，他能获得工作之后的第一步成功就是来自于他把企业的利益放在第一位。他的付出让他的老板对他委以重任。

注重公司的命运就是注重自己的命运，要知道公司不仅仅是老板的，更是员工的。失去了公司，你也就失去了发展的平台，虽然你能够换一个工作，但是以前所做的一切都将前功尽弃。这也就是那些从破产的公司里出来的求职者总是很难受到别人的欢迎，而一位从一家优秀的公司退休的职员却会成为人人希望获得的人才的原因。那么你愿意做哪种人呢？

【狼性团队说】

团队成员是团队中的一分子，团队的命运与其中的每一个人息息相关。正如狼群的命运和其中每条狼的命运息息相关一样，只有大家都开始关注团队的命运，才能最终把握自己的命运。从这个角度来看，为团队付出也就是为自己付出。

把心交给狼群

我的生命是狼群给的
我的心也是属于狼群的
在狼群需要的时候
我一定会为之付出
……

——【狼性宣言】

狼群中的任何一条狼，只要它在这个狼群中生活，哪怕它已经决定第二天要离开，它也还是会对狼群忠心耿耿，为狼群奉献着自己的所有。它们不像我们常说的“做一天和尚撞一天钟”，而是“做一天和尚撞好一天钟”。虽然只是相差一个“好”字，但是这种效果有着天壤之别。

就以红嘴狼群为例，在红嘴狼群的发展历史上，就有好几条狼兢兢业业地为狼群付出，并且在最为关键的时候为狼群付出了自己的生命，以最为沉重的代价赢得了狼群的生存。除了我们前面讲到的那条舍身成仁的老狼之外，还有一条年轻的成年狼，为了营救红嘴狼的母亲——狼群中的一条母狼，而献出了自己的生命。从某种意义上来说，这条狼是红嘴狼的“救命恩人”，只可惜红嘴狼没有机会看到它。

那年难熬的冬天刚刚过去，红嘴狼已经在狼妈妈的肚子里待了 2 个多月了，再有几个星期就该“呱呱坠地”了。这一天，天气不错，阳光普照，一扫冬天的寒冷，让世界的生灵都感受到了太阳的温暖。狼群带着所有的狼出去猎食，就在狼群所在领地的周边上，有一群小羚羊正在进食，如果此时狼群发动攻击，成功的几率会很大。头狼没有考虑过多，立刻吩咐自己的狼群进行“战斗”准备。此时，它并没有忘记周围的危险，还是吩咐一条成年狼在后面保护怀孕的母狼。

就这样，狼群对羊群发动了攻击。

可是，让头狼没有想到的是，狼群发动攻击的时候，羊群往另外一个狼群的领地上逃窜，而头狼也没有考虑，直接追击了过去，越追越远，渐渐地失去了身影。

此时，隔壁的狼群意识到有人侵入了自己的领土，便带着自己的狼群赶了过来，便看到那条成年狼和母狼在领地的周边，势单力薄，便不由分说，发动了攻击。此时，成年狼发出了求救的信号，在对方扑过来之前，把母狼藏到了身后。

可是，对方毕竟有 6 条成年狼，加上头狼总共有 7 条狼，对付两条狼，力量是足足有余的。为了保护母狼，成年狼决定背水一战。它一路小跑之后，跳跃了起来，准确地落在了对方头狼的面前，对着对方的头狼就是一顿撕咬。很显然，对方的头狼被“怔住”了，在短时间里，任凭成年狼撕咬竟然没有还击。不过，它很快反映过来了，连忙招呼自己的狼群开始对付这条成年狼。成年狼见状，便像风一样向着自己狼群消失的方向跑去，因为它知道，只有这样，才能在最短的时间里见到自己的狼群，才能抵挡对方的进攻。再者，只有这样，才能吸引对方的狼群，给母狼一个绝对安全的空间。

可是，成年狼的力量实在是太小，没跑出多远，就被对方狼群围在了中间，既然如此，那就只有奋起一战了，只要拖延足够多的时间，自己的狼群肯定能赶过来救自己。此时最让它欣慰的是，母狼安全了，它的职责完成了，即便现在“以身殉群”也值了。

果然，在成年狼苦战对方狼群十分钟之后，头狼带着狼群赶了过来，力量一下子逆转了过来：9∶7，对方狼群看到这种情况之后，主动后退，一场战争就此结束。可是，那条力敌对方狼群的成年狼因为伤势过重，在回到狼群巢穴的第二天，就魂归西天。那一晚上，头狼没有回到自己的巢穴，而是在成年狼战斗过的地方长长地嗥叫着，不知道是在为死去的成年狼祈福，还是在控诉对方狼群的“不仁义”……总之，那一夜，整个狼群无眠。

红嘴狼的母亲知道，对于这条成年狼，狼群是对不起它的，原因很简单，它曾经是一条流浪狼，到这个狼群只不过只有短短的一个月时间便遭此劫。更可贵的是，在最危险的时候，它并没有脱离自己的岗位、丢弃自己的职责，而是尽一切所能保护狼群的母狼，宁愿只身斗群狼，也不让母狼受到一点伤害。就凭借这一点，头狼也值得对它表示自己最崇高的敬意。虽然这条成年狼在狼群中只待了短短一个月的时间，但是，它却留在了整个狼群的心中，包括此时还未出世的红嘴狼。

毫无疑问，我们一定会欣赏这条成年狼的行为，可是回想我们自己所做的一切，是不是也同样会觉得汗颜呢？答案是毫无疑问的。

在现代企业、团队之中，我们经常考虑的问题是："我凭什么要为它付出？""老板能给我什么好处？""我能从公司、团队之中获得什么样的利益？"……言外之意，只有有利可图，我们才会付出，否则就是"傻子行径"。

那么，事实是不是如此呢？那条成年狼是不是一条"傻子之狼"呢？聪明的你自然能明辨是非。因此，我们现在要做的就是问一问自己，我给公司带来了什么？而不是时刻想着自己被老板剥削了多少价值，而应该想想自己为老板创造了多少价值。如果换成别人，我是否比别人做得更好。不要时刻想着自己是在为老板打工，而应该把自己当成公司的主人。

【狼性团队说】

一个人要想在团队中取得成功，就应该时刻想想我是否能为这个团队再做点什么、再承担点什么责任，而不是时刻想着我能从这个团队再获得一些什么好处、我能利用这个团队做一些对自己有利的事情。记住，你只有把心交给团队，团队才能把你所需要的交给你。

你代表着团队的形象

既然我是这个狼群的狼
我就得为这个狼群表现自我的风采
在捕猎的时候

绝对不会退缩
在撕咬的时候
绝对不会嘴软
在那一刻
我不再仅仅是我了
而是代表着我的团队
……

——【狼性宣言】

一个狼群到底生存状况怎么样，只要看到其中一条狼即可。因为在生存过程中，狼群中的任何一条狼都会具备一定的共性，也就是说，狼群中任何一条狼都是这个狼群的形象代表。比如一个生存状况良好的狼群总是毛发蓬松，英姿飒爽，走起路来总是昂首挺胸，大有一种不把任何人放在眼里的感觉；而一个生存状况不好的狼群则总是有点垂头丧气、甚至瘦骨嶙峋……

要想看到一个企业、团队发展得怎么样，同样只要看到其中一个员工即可。为什么这么说呢？因为在一个团队呆时间长了之后，团队中的成员身上都有一种共性。从另外一个角度来说就是员工代表着整个企业、团队的形象。要想不给企业、团队丢脸，首先就得从改变自己的形象开始。

那么，如何提高自己的形象呢？不妨从以下几个方面入手：

第一，外在形象。要将自己干净、整洁、健康的形象展示给对方，以形成良好的视觉“冲击力”。干净利落、气度不凡的员工形象自然而然会让人想到相对应的公司形象。

日本松下电器公司创始人松下幸之助在他的日记里曾记下了这么一件事：有段时间，因为事多忙得够呛，他很久没有理发洗澡刮胡子了，身上的衣服来不及换洗也是脏兮兮的。

他去一家理发店理发，理发师忍不住客气地批评他太不重视自己的容貌和穿着了，理发师对他说：“你是公司的代表，却这样不修边幅，邋遢不洁，别人会怎么想，试想，如果当老板的都这样随便，你想他公司的产品还会好吗？”

这位理发师的话很有道理：一个衣衫不整，邋邋遢遢，没有精神的人，是不可能赢得他人的好感和信任的，一开始就等于结束，你就为自己埋下了失败的种子。

讲究仪表，就会让一个人气度不凡；员工都打理好了自己的形象，会让整个公司给人耳目一新、积极向上的印象。

职场人在出入公共场合时，要特别注意自己的仪表，保持自身的整洁。不修边幅、肮脏、邋遢的人只会让人想到失败者，而不会让人想到“成大事者不拘小节”。衬衫领子污黑，皮鞋沾着泥点，西服皱巴巴的，污迹斑斑，头发蓬乱，指甲里满是污垢只会让别人排斥你，而不是接近你。这是人际吸引的原则，也是维护公司形象必须要避免的一个现象。

第二，内在素质。只要你一走出公司的大门，你的身上就肩负着维护公司形象的责任。那么，对于职场人来说，怎么样才能维护公司的形象呢？最常见的方法就是通过自己的一言一行来维护。

例如，在拨打和接听电话时，应该注意语气和语调，体现出你特有的专业素质与水平。在日常生活当中，我们都知道，微笑着打电话或者平心静气地接电话，会令对方感到温暖亲切，尤其是使用敬语、谦语，达到的形象效果往往是意想不到的，也是其他途径难以企及和替代的。

很多职场人天真地以为在接打电话的时候，对方看不到自己的表情，就可以随便乱来。事实上，对方完全可以从你的语气语调当中感受到你的表情，从而对你以及公司的形象有了一个大概的印象。

第三，维护公司声誉。有这么一种人，他们在工作的时候俨然一个正人君子，一旦离开公司，他们立刻判若两人。他们会做出一些让人无法想象的举动。有一位父亲这样教导自己的孩子：“永远不要说发给你薪水的人的坏话。”作为职员，不仅要做到这一点，还要时刻维护自己公司的形象，不要让别人这样说：“某某公司虽然有名，但那些员工的素质却很低。”越是优秀的公司，公司的员工也就越懂得维护公司的形象。无论是在什么时候，你都应该想到这一点。

美国一家饭店的服务生玛丽就是一个典型的例子。

玛丽是美国一家大饭店的服务生，常因工作努力而被评为最佳店员。

这天，一位正在饭店进餐的顾客突然倒地，口吐唾沫，四肢无力。众人见状都大惊失色，纷纷指责饭菜中有毒。

在这关键时刻，玛丽镇定自若，她先打了急救电话后又竭力安抚其他顾客，并向其他顾客保证饭菜里面不会有毒，但是绝大多数人还是不相信她说的话。

这时，她不顾其他服务生的劝阻当场吃下很多饭菜。为防止谣言扩散，她还请求大家等医生来评判。这样，大家的情绪才有些安定。不一会儿，急救车停在饭店门口。

经验丰富的医生立刻断定：所谓的“中毒”者实则“癫闲病”发作，跟饭店的饭菜一点关系都没有，这时大家提着的心才放了下来。玛丽的勇敢和机智避免了一场虚惊向灾难的演化，受到公司的高度赞扬，不久被提升为领班。

试想，如果没有玛丽在关键时刻的挺身而出，估计这家大饭店早就因为“中毒事件”而被顾客所抛弃了，因为它的声誉受到了严重的损害，即便并不是真正的“中毒事件”，但是它的形象已经受到了损伤，而任何一个顾客，都不会选择一个形象曾经受到损伤的饭店去消费。从玛丽身上，我们可以看出维护公司形象的必要性，它不仅仅维护了公司的形象，而且还拯救了这个公司。

总之，在任何时候、任何地方，你都代表着公司、团队的形象，千万不要因为自己的一些小坏习惯影响了团队的形象。

【狼性团队说】

你是这个团队中的一员，你时刻都代表着这个团队的形象。要想让团队获得更好的发展，最直接的办法除了为团队付出之外，还可以维护自己的形象，从而达到维护整个团队的形象。记住一句话：你就等于你的团队！

打造“节约型”狼群

生活的不容易
造就了我们节约的习惯
在食物未吃完之前
我们绝对不大开杀戒
因为我们知道
食物就是猎物的生命
我们不能随便浪费
……

——【狼性宣言】

狼群知道捕猎不容易，所以对于捕获的猎物，它们总是很珍惜，从来不会有浪费的情况出现。如果猎物捕获比较多，它们就会“休兵”，直到把猎物吃完为止。如果它们在捕猎的过程中，发现有现成的动物的尸体，它们不会“嫌弃”，会一根骨头都不剩地将它消化。所以，狼群又被牧民称为草原的“垃圾清理者”。

除了这方面的节约之外，狼群还有一种独特的节约方式：不占据食物。即没有任何一条狼因为私心而占据食物，这样，同样能做到“节约”。

其实，狼群的这种“节约”精神完全可以为我们所学习，特别是在这个“微利”年代，越是节约，你获得的利润也就越大。

经济全球化使企业之间的竞争越来越激烈，面临的形势也越来越严峻。为此，除了提高产品的市场竞争力之外，有效地降低运营成本已经成为多数企业竞相追逐的目标。道理很简单，在利润空间日趋逼仄的情况下，谁的成本低谁就可以获得生存和发展。

另外一个迫使企业寻求低成本的原因是能源与原材料成本的提高。尤其在中国，这个问题已经成为制约企业发展甚至影响国家经济前景的瓶颈。因此，作为企业的一员，树立成本意识，养成节约习惯对于维护

企业利益具有非常重要的意义。

早在20世纪70年代，丰田公司就已经是世界上知名的大公司。丰田汽车公司的汽车产品在原材料的使用上都能够保证做到货真价实。但是，丰田公司的节约却是出了名的。这主要来自与丰田职工的节约习惯。那么大的公司，在办公用品的使用上却节省得近乎“抠门”。譬如，公司内部的便笺要反复用4次。第一次使用铅笔，第二次使用水笔，第三次在反面使用铅笔，第四次在反面使用水笔。公司办公大楼的马桶水箱里都放置了一块砖。这样可以使6升的水箱变成5升，每次都能够节约1升水。

正是丰田公司的这种节约的习惯使得它在1973年的石油危机之后成为世界上最有竞争力的汽车制造商。因为大家都养成了节约的意识，所以在技术开发方面，节油就成为公司新车研发的主要原则。在石油大幅度涨价以后，包括美国在内的汽车购买者都纷纷看中了丰田的产品。

在中国，一个比较普遍的现象是，许多员工在为公司工作的时候欠缺成本意识，总是大手大脚，这无形中提高了企业运营的成本，造成企业资源的浪费。许多企业生产的产品或技术都不弱于对手，但实际收益却远远落后，根源就在于运营成本降不下来，相当部分的收益被看似平常的铺张消耗掉，长此以往，结局是可想而知的。

有这样一家贸易公司，主营业务是小商品批发，尽管表面上看似生意兴隆，但年终结算时总是要么小亏，要么小赢，年复一年地空忙碌。几年下来，不但公司规模没有扩大，资金也开始紧张起来。眼看竞争对手的生意蒸蒸日上，分店一家一家地开张，公司老板决定向对方求教取经。

待竞争对手把一笔笔生意报出后，这个老板更纳闷了：两家交易总量并没有太大的差距，为什么收益却这么大呢？

看着目瞪口呆的求教者，竞争对手道出了其中的原委。

原来，在公司员工的共同努力下，这家公司对商品流通的每一个环节都实行了严格的成本控制。比如：

联合其他公司一起运输货物，将剩余的运费转化为公司的额外收益，几年下来，托运费就赚了将近60万元；采购人员采购货物时严格以市场需求为标准，使存货率降至同行最低，每年大约节约货物储存费5万元，累积下来将近20万元。

与供应商签订包装回收合同，对于可以重复利用的包装用品，待积攒到一定数量后利用公司进货的车辆运回厂家，厂家以一定的价格回收再用，这项收入大约为每年 2 万元；为出差人员制定严格的报销标准与报销制度，尽管标准比别家略低，但公司规定可以在票据不全的情况下按标准全额支付差旅费，该项措施每年为公司节约大约 5 万元；在严格的成本控制下，不但公司节约了可见的资金，也培养了公司员工的成本意识，倡导节约、反对浪费已经蔚然成风……

拿破仑说，不想当元帅的士兵不是好士兵，其实，不想当老板的员工也不是好员工。尽管你现在不是老板，但你必须有老板的心态，用老板的标准要求自己，这样你才可能成为老板。

【狼性团队说】

维护公司利益不是一句空话，必须落实到实处，从点点滴滴的小事做起，将自己视为公司的主人，时刻秉持厉行节约的原则。要成为一个好员工，必须具有这种责任感，时时处处维护公司的利益，这样才能赢得老板的赏识，获得晋升的机会。

不掉入同一个陷阱

草原上的陷阱
不止一个两个
生存环境的残酷
让我们学会了一个本领
从不掉入同一个陷阱两次
否则，就等于失去生命两次
在狼族的生存法则中
这是绝对不允许的
……

——【狼性宣言】

草原上，牧民为了防止狼群对自己的羊群造成威胁，会在羊圈的周围设置一些陷阱，比如说狼坑、捕狼器、其它的机关等。而一般情况下，狼群绝对不会两次掉入同一个陷阱。为什么它们能做到这样呢？理由很简单，狼群中的任何一条狼误入陷阱之后，就会对狼群发出警报，以便提醒自己的狼群注意。

当然，这种提醒不仅仅是在狼群自己内部进行，很多时候一个狼群也会向另一个狼群发出提醒。虽然狼群之间会为了领地殊死搏斗，但是在对付外敌的时候，它们总是能团结一致。也正因为如此，狼群基本上能做到不在同一个地方摔倒两次。

可是，在这一点上，人类的团体就做得非常不到位，经常因为不注意，在同一个错误的地方摔倒几次，以至于最终死在这个地方。日本雪印公司的倒闭就是因为这一点。

2002 年 2 月 22 日，日本肉食品行业发生了一件重大事件：历揽 52 载无限风光的日本肉食行业“龙头老大”——日本雪印食品公司，由于用进口牛肉冒充国产牛肉赚取昧心钱的丑事被曝光。最终，这个公司不得不在 4 月底彻底解散，凄凄惨惨打消了新世纪再攀高峰的远大目标，自作自受地为区区 900 万日元的“肮脏利润”付出了倒闭破产的惨重代价。

公司经营出现问题是难以避免的，对此，消费者也是能理解的。可是对于雪印公司，消费者的忍耐已经达到了极限，原因很简单，雪印公司已经不止一次出现类似的事情了，每一次，都给消费者造成了很大的影响。

“日本雪印食品公司”是日本响当当的乳业食品集团——“雪印乳业公司”的子公司，早在 1950 年就从母公司中分离出来，至今已经有 52 年的独立运营历史。历经几代总裁的苦心经营和巧妙运筹，“日本雪印食品公司”以其牛肉制品物美价廉的独特卖点，赢得了广大消费的信任和青睐，风风光光地成为日本食品市场“放心肉”、“放心奶”的代名词。

随着市场占有率的逐步扩大，“日本雪印食品公司”像滚雪球般地壮大起来，最终脱胎换骨为拥有 11 家子公司、员工达到 1100 多名、市场占有率为同行第一的大型食品集团公司。它不仅集牛奶、乳制品、肉食品等产品的制作、加工、批发、销售、运输于一身。而且，其生产的火腿、腊肠占据了日本同类产品市场份额的86%，年销售额高达900亿日元之多，被一直公认为日本肉食品行业的“大哥”。

谁知，就是这样一家企业，竟然为了蝇头小利而一再欺骗消费者，掉入同一个陷阱达三次，这样的企业，这样的团队，能不失败吗？在“冒牌牛肉”之前，“雪印乳业公司”就曾有过“牛奶中毒事件”。原因也是因为利用不良牛奶来充当好牛奶，以至于给消费者带来了伤害。事情的经过是这样的：

第一次事件发生在1995年3月，东京近200名儿童在饮用雪印的脱脂奶粉后上吐下泻不止，但公司的董事却认为不可能，并当场喝下一杯牛奶，谁知仅过了不到一个小时就因为肚痛不止而跑进了洗手间。于是，“雪印公司奶粉不含葡萄球菌”的公开声明不攻自破。

“雪印”第二次“牛奶中毒事件”发生在2000年的6月，中毒人数高达1.4万人，弄得全国近万家食品超市拒绝销售“雪印”的产品，进而使得“雪印”的市场占有率由高高在上的第一，急剧下降到第三。

面对公司深受失信之害的两次重创，董事长吉田升三却不以为然，反而认为——“是公司应急措施不及时，让别人轻而易举地揪住了‘小辫子’，实在是笨得令人可笑”。正是这一不屑汲取前车之鉴的狂妄自大态度，才使得吉田升三在“冒牌牛肉”违规操作道路上越走越远，最终白白葬送了“雪印”的红火前程。

毫无疑问，雪印公司的团队之所以失败，问题就出在他们在同一个地方摔倒多次，一而再、再而三地掉入同一个陷阱。从某种程度上来说，这是团队领导者监管不力的错误，其实，这也是团队成员没有把自己奉献给团队的表现。试想，如果你真的融入了这个团队，把这个团队视为自己的一切，你还会容许这种事情发生吗？

从这一点出发，我们再将目光转移到现今企业的一些员工身上，特别是在职场中不得意的员工身上时，会发现一个很是奇怪的现象，那就是很多的员工虽然在接到工作任务后能够立即执行，只求将所接受的任务完成，并没有考虑到会有什么后果。为什么他们要这么做？因为他们的心没有在团队之中，只是充当一个执行机器而已。他们只求将任务完成就够了，很少会想着我这么做是不是真的做好了，会给自我以及企业

带来什么样的后果。他们完全没有考虑这些。然而，一个我们不能不承认的事实摆在我们的面前，那就是不管我们的任务完成得有多好，没有带来任何的结果，等同于没有完成。在同一个地方摔倒多次，就等于你没有经验。

【狼性团队说】

在整个团队的发展过程中，错误是难免的。但是我们不能在同一个问题上犯同样的错误，这无论对于团队来说，还是对于团队成员来说，都是一种耻辱、一种失败的标志。

第十一章

记住作为一条狼的责任

狼群中的每条狼都有自己的责任，只要它们还在狼群中生活一天，它们就会承担自己的责任，在狼群中从来没有“推卸责任”的情况出现。也正是因为如此，无论是在牧民区还是在荒无人烟的地方，狼群的损失都很小。这就是责任对于团队的重要性，在这一点上，我们要向狼群好好学习：既然你是一条狼，就得承担起一条狼的责任。

狼，没有任何借口和条件

狼
要想捕获猎物
就得在头狼发出命令的那一刻
迅速起身
勇猛冲击
奋力撕咬
这个时候
没有任何的借口和条件
只有猎物倒下
才是唯一的理由
……

——【狼性宣言】

猎物就是狼群的生命线，一旦失去猎物，狼群就无法生存。因此，狼群在捕猎的时候，总是奉行一个原则：没有任何借口和条件地捕杀猎物，除非狼群在短期内的食物是充足的，它们用不着再去捕杀猎物。当然，这种情况是很少出现的，因为狼群是一个“节约型”的团队，捕获任何一个猎物，都会在最短的时间里把它吃完，绝对不会有浪费的情况出现。这一系列的条件决定了狼群在捕杀猎物的时候，绝对不能有半点的拖延和迟疑。否则，一旦猎物跑出自己的势力范围，那么，狼群就只有饿肚子了。

在这一方面，红嘴狼群就曾经吃过亏。

那年夏天，草原大旱，火热热的太阳每天都炙烤着这片大地，一望无际的绿草在短短几天里变得干枯枯的，没有任何一点生机，甚至有些阳面的山坡因为过度的干旱，草已经枯萎，就如冬天到来那样一片萧条。

出现这种情况，草原上的羚羊、野马、野牛等动物不得不举家北迁，因为北方气温相对比较低，水分蒸发比较慢，草势相对要好一点。而此时红嘴狼的领地则在草原的南边，随着旱灾的进一步蔓延，红嘴狼领地内的猎物越来越少了，连最经常见到的土拨鼠也因为没有草，跟着羊群、牛群往北迁徙了。

现在该怎么办？红嘴狼群正处在生死抉择的关口。如果不跟着猎物北迁，狼群很可能因为找不到猎物而饿死；可是跟着狼群北迁，一路上要遇到什么样的困难，红嘴狼也说不清楚。必定要横跨其他狼群的领地，跟着猎物一路奔袭，并不是一件简单的事情。

这时，红嘴狼群发现了一批猎物正在经过自己的领地，这个消息很快令整个狼群处于一种兴奋之中。红嘴狼立刻派出了自己的“侦察部队”对猎物实行了严密的监控。

红嘴狼原本以为这次肯定能捕获一只猎物，让狼群填饱肚子。可是令它没有想到的是，它的“侦察部队”——一条成年狼在侦察的过程中，开了小差：它看到一群快要饿瘪的土拨鼠正在往北走，因为食物缺乏，又饥又渴，它们前进的速度明显变慢。此时，这条狼正饥肠辘辘，看见如此难逢的机会，怎么能放过？于是一路小跑，把这群土拨鼠一个一个抓了来，填进了自己的肚子。填饱肚子之后，它又在一个阴凉的地方好好地睡了一觉，等它醒过来，记起自己“任务”的时候，猎物已经跑出了自己的领地，无影无踪了。

毫无疑问，整个狼群不得不面对饥饿的侵袭，除了这条开小差的狼之外。当然，这条狼也被红嘴狼狠狠地惩罚了一顿。毕竟，是它没有承担起自己的责任，而使得猎物逃脱，害得整个狼群饿肚子。

好在那个羊群在隔壁狼群的追捕下，又回到了红嘴狼群的领地。这次，红嘴狼又派出了那条成年狼充当“侦察部队”，对这个羊群进行追踪。有了上次的失误之后，这条狼承担起了自己的责任，开始无条件、无借口地执行自己的任务，并且在羊群离狼群最近的地方，这条狼发出了自己的警报声。接到警报的红嘴狼很快带领着狼群摆开了架势，经过一番追逐和厮杀之后，红嘴狼群终于获得了食物，度过了最艰难的一段时间。

在执行任务时，我们的团队成员经常会寻找一些借口拒绝执行任务、

甚至和领导讨价还价、讲条件，以致于最终白白放过了执行的最佳时机。无论对于员工本身还是对于企业、团队来说，这都是一种损失。在成功道路上苦苦追寻的我们要始终牢记一句话：学会拒绝借口，你就等于为自己排除了失败的障碍。

美国著名行动学专家巴勃曾说："在我们每天的生活中，总是会面临各种意想不到的情况。当然最容易给自己找到借口，而让自己平平庸庸、丧失积极工作的心态。这是许多员工最容易患的一种心理病，并且成为他们推脱各种工作风险的理由。"

要拒绝寻找借口，并不能只在口头上说说而已，而是要把它彻底落实到自己的行动过程中，才能对自己负责、对公司负责。世上没有什么事是不用费劲就可以自然做成的，假如你想找一百个借口，那么就能找一百个甚至比一百个还要多的借口。这样，你表面上得到了安慰，但你将一事无成！

在美国卡托尔公司的新员工录用通知单上印有这样一句话，"最优秀的员工是像凯撒一样拒绝任何借口的英雄！"为什么这么说呢？

有一次，凯撒率领他的军队渡海作战，登岸后他决意不给自己的军队留任何退路。他要他的将士们知道，这次作战的结果，不是战胜就是战死，所以就在将士们的面前，把所有的船只都烧毁了。像所有名将一样，他也有在最后拒绝借口、敢于决定于一瞬间的能力。

有些人往往有这样的借口——"我干不了这个！"所以常导致这种错误：在进行着一件重要的工作时，往往预留两条退路。但是当一个士兵知道虽然战争极其激烈但仍有一线退却之门为他而开时，他大概是不会拼尽全部力量的。只有在一切后退的希望都没有了的时候，士兵才肯用一种决死的精神拼战到底。

拒绝借口，就是要断绝一切后路，倾注全部的心血于你的事业中，抱定任何阻碍都不能使你向后转的决心——这样的精神是最宝贵的。"在遇到阻碍打击时，因为缺乏坚忍力而向后转"，将造成千万个放弃战斗的人的墓碑。

对于现今的企业团队来说，要想在竞争激烈的商海中获得胜利，所需要的不就是这样的团队成员吗？确实如此，如果现今企业团队中的每一位成员都有着像狼群中的狼一样强烈的责任感与使命感，企业何愁不能得以长足而稳定的发展呢？又怎么不能令自我在竞争激烈的环境中获得胜利呢？

【狼性团队说】

借口是执行力最大的障碍，而条件则是发展的最大瓶颈。一个团队要想获得发展，就必须双管齐下，消灭这两只“拦路虎”。

责任是条狼的精神灵魂

为了捕获猎物
我们会跟踪几天几夜
如果说
这需要我们的耐力
不如说这需要我们的责任
只有懂得为狼群承担责任
才有不屈不饶的顽强之举
……

——【狼性宣言】

一群猎物，只要被狼群的“侦察部队”盯上，就很难逃脱被捕杀的噩运。即使这群猎物走了几十、几百甚至上千公里，这些狼也会跟着。或许很多人会问，这些狼难道不会中途放弃吗？不会，因为在狼的心目中，这就是自己的工作、事业，它们这么做就是在拯救整个狼群的命运。在这些狼的身上，我们看到了闪闪发光的“责任”。

在红嘴狼还没有当上头狼之前，它有一次就是充当“侦察部队”的角色，愣是跟着猎物走出了几百公里远，为跟随其后的狼群指明了方向。虽然中间经过了各种各样的困难，但是，最终红嘴狼还是圆满地完成了任务，为狼群承担了自己的责任。

那天，红嘴狼得到头狼的指示：对经过自己领地的一群野马进行跟踪，以便随时能掌握它的动向，一旦到了利于捕杀的地方，就随时通知狼群。就这样，红嘴狼和另外一条成年狼上路了，它们悄悄尾随着野马群。一路上，风餐露宿，红嘴狼和另外一条成年狼就像两条流浪的狼一样，“飘荡”在广袤的大草原上。

在途中，红嘴狼也曾想过选择放弃，毕竟这样的生活太苦了，又渴又饿，还要跟着野马群一路奔波，更不知道这何时才算是个头。可是就当红嘴狼群准备往回走的时候，它又想起了如果自己没有完成任务，整个狼群说不定会陷入绝境。辛苦一点和陷入绝境相比，自然辛苦一点要划算一些。更何况，这是自己的任务、是自己的职责。

就这样，红嘴狼打消了放弃的念头，一路追了过去。仅仅过了两天时间，红嘴狼就发现了一个绝佳的捕猎之处。随后，它发出了预定的信号。狼群在最短的时间里赶了过来，实施了攻击，最终成功地扳倒了一匹野马，整个狼群美美地吃了一顿。

从这件事情中，红嘴狼明白了责任对于狼群的重要意义，它也庆幸当时能坚持一下，否则后果将不堪设想，因为在接下来的几天时间里，根本就没有猎物经过，甚至连土拨鼠、旱獭都没有见到。

看到狼群为了承担责任而踊跃向前的情景，不禁让我们想起了我们企业团队中的一些现象，两者形成了非常鲜明的对比。

一家公司出现了效益下滑，在公司例会上，总经理就此问题要求各部门的负责人发表自己的看法，以寻求解决之道。

销售部经理首先发言：“最近销售业绩下滑，我非常着急。我对竞争对手与我们的销售数据进行了具体分析，主要原因有两个：第一，竞争对手缩短了销售渠道，越过一级经销商，直接做二级经销商，我们的一级经销商自然发货量少了很多。第二，我们最近一段时间向市场推出的新产品跟不上竞争对手，与去年同期相比也少了很多。客户总是抱怨我们的产品老化。对此，我们销售部是有一定的责任。但是分析具体原因，我认为是市场部对形势研究得不够充分、不到位；研发部的效率也跟不上市场的节奏，希望二位部门经理今后协助我们的工作。”

市场部经理马上跳起来，说：“我们的预算本来就少，人手也不够，这个月又有两位员工辞职，拜托销售部做的市场调研，他们又迟迟反馈不回来，工作开展很困难。人力资源部、销售部的效率要提高，要不然，我们很难开展工作！”

研发部经理这时不紧不慢地说：“我们最近推出的新产品是比竞争对手少了一些，也比去年同期少了很多。但是大家都清楚，我们今年的预算也比去年削减了许多。自然，降低成本是必须的，可总不能丢了西瓜捡芝麻。另外，对研发人员的激励措施迟迟不能到位，他们的积极性很难调动。”

人力资源部经理说：“我们已经很努力在招聘员工了。但是拜托各位，你们招人要提前和我打招呼，明天用人，今天才告诉我，这让我怎么开展工作呢？有时候对招聘岗位的要求又说不清楚，我也很难办呀。”

财务总监也有想法，他说：“的确，我是削减了一些部门的预算。但是你们想想，公司的成本上升，利润下降，当然没有多少钱啊。”

这时，采购部经理跳起来：“我们的采购成本是上升了10%，为什么，你们知道吗？俄罗斯的一个生产铬的矿山爆炸了，导致不锈钢价格上扬。我们需要的不锈钢瓶价格大幅度上升，我能怎么办，是天灾还是人祸？”

制造部经理说：“这么说，你们都没有责任，那么公司怎么办？我们销售下滑是明摆着的，这样开会根本就没有意义，大家都在说自己的难处，根本就解决不了问题！”

销售部经理很不高兴地说：“大家是有责任，可你的部门就没有问题吗？你承诺的交货期总是不能按时完成。”

很明显，这些经理都在推诿自己的责任。当然，在工作当中，有很多事情并不能明确地界定出这是谁的责任，但是这并不能成为我们推诿责任的理由。企业要想发展，员工自身要想提高，就应该勇敢地承担起责任。正是责任把所有的人联结在一起，任何一个人对责任的懈怠都会导致恶果。换一种说法：老板雇佣员工的目的是什么？是执行一系列的任务然后承担其中的责任。

在现代企业当中，需要的正是这样一种深深的责任感。只有拥有这种责任感，企业才会紧紧抱成一个团，才会具备良好的竞争力，在市场竞争中生存下来。

联想控股公司总裁柳传志曾经说过这样一句话：“在企业经营运行过程中，战略、人员、运营流程是三大核心因素”。确实，现代企业已经把

“人”在企业中的价值提升到了一个新的高度，“人”已经成为企业核心竞争力的一部分，可以说，现代企业的竞争归根到底就是人的竞争。企业的运营和执行需要人，产品的开发和研制需要人，企业的管理和组织也需要人。忽视了人的核心价值，无疑就是将企业置之于潜在的危机中了。因为，在一个企业中，与人相关的各种因素非常多，人能否最大限度地发挥潜力为企业创造价值，就是这些因素的相互作用促成的。企业外在的制度性的东西往往可以内化为一个人的动力机制，但对于人影响最大的还是精神：也就是企业员工的责任感与使命感的强弱以及它的外在表现。

我们可以大胆地说：企业制胜的精神就是责任和忠诚。一位资深的人力资源管理者认为：责任和忠诚可以内化为企业的文化哲学，责任和忠诚虽然不能被量化地加以衡定，但它却是一个企业的生存命脉。制度可以护卫责任和忠诚，但仍会有人背叛忠诚，不负责任。最好是把责任和忠诚作为企业的精神命脉，注入到每个成员的心里，这样才能够最大限度让团队成员饱含责任和忠诚的使命感。

正是因为如此，很多企业的领导者都已经致力于将责任和忠诚作为企业的文化和精神纳入自己的管理体系中，并且对员工进行了加强责任感和忠诚度的培训。他们还认为员工的忠诚和责任，有时胜过他们的智慧。

责任和使命感是企业的文化和精神灵魂，一个精神和灵魂被掏空的企业，你还能相信它具有绵绵不绝的生命力和旺盛的创造力吗？责任和忠诚对于企业而言，绝不像夹心饼干那样层层分明，它们已经融入了企业的血脉之中，成为了企业生命的一部分。企业的领导者不会忽视对员工责任感和使命感的培训，因为他们所喜欢的是具有强烈的责任感的员工。这一点，是我们所应当明确知晓的。因此，你就应当注重自我责任意识的提升，从而让自己成为一个深受老板喜欢的具有责任感的员工，如此一来，你的未来便不再是梦。

【狼性团队说】

一个没有责任感的人在这个社会是很难获得发展的，一个不懂得承担责任的团队也是不可能获得发展的，即便在短时间里能够生存，也只能是昙花一现，最终走向解散和失败。要想走向成功，必须从培养自己的责任意识开始。

使命让狼自动奔跑

任何一种动物都有惰性
包括我们狼族在内
我们之所以在猎物面前疯狂奔跑
不仅仅是为了获得猎物
更是为了狼群所赋予的使命
……

——【狼性宣言】

在狼群中，除了没有捕猎能力的小狼之外，没有狼是“吃白食”的，即便是行动不便的老狼，也会在狼群中间承担一些工作，比如说包围巢穴、当“狼保姆”、清理巢穴垃圾、修理巢穴等。它们的这种行为对于人类来说，是责任，而对于狼群来说，则是一种使命。它们之所以生活在这个狼群之中，使命就是通过自己的努力让这个狼群发展壮大。

这就好比，一个员工进入一个团队，他的使命不是通过这个团队为自己挣多少钱，而是通过自己的努力，让这个团队发展壮大。或许很多人会觉得这样子做所要求的“觉悟”太高，其实不然。我们可以从另外一个角度来看这个问题：

只有狼群发展壮大了，狼群中的每一条狼才能受到益处，才能捕获更多的猎物，才能填饱肚子；同样的道理，只有这个团队发展壮大了，团队成员才能获得更多的好处，比如获得更多的薪水、奖励、别人的尊重等。也正因为如此，红嘴狼群中的一些老年狼并没有“安享晚年”，而是积极地付出自己的余力，为狼群做好“后勤”工作。

在企业中，一个真正具有使命感的人，不仅仅只会去做好自己应当做好的事情，他还会积极主动地去做任何影响到自己所在集体的事情，只要他看到、听到，都会义无反顾地去做。在这一点上，红嘴狼群就是最好的范例。虽然狼群并不会解释使命的含义，但是他们却以自己的行

动来告诉我们，如何才能成为一个真正具有责任感和使命感的人。

就像是上面所说的一样：一个人使命感的强弱跟一个人能取得的成就是相互成正比的。但是，使命感的强弱不是说出来的而是做出来的，而任何一个真正具有使命感的人都会像我们的狼群精英一样，不仅仅只会去做好自己应该做的事，而是会积极主动去完成任何一件影响到整个团体的事。

狼群的这种精神在充满竞争的现代社会，特别是近似于白热化的职场中，便显得尤为重要，是否能拥有这样的精神已经成为了我们个人是否能得以很好的生存与发展的一个基础。老板都喜欢这样的员工，因为这样的员工，他们时时刻刻为企业着想。比如，他发现公司的员工最近一段时间工作效率比较低，或者他听到一些顾客对目前公司员工服务的抱怨，他就把自己的想法和如何改善的方案写出来投到员工信箱中，为管理者改善管理提供一些参考。即使，他的想法和改善的方案不能够切实地改善企业所出现的问题，但是，他的这一种做法却会给企业的领导提个醒，能让企业的领导去寻找到更合适的方法解决问题，从而促使企业得以更好地发展。

海尔的一名员工曾说过："我会随时把我听到的看到的关于海尔的意见记下来，哪怕我是在朋友的聚会中，还是走在街上听到陌生人说的话。因为作为一名员工，我有责任和使命让我们的产品更好，我们有责任和使命让我们的企业更成熟、更完善。"

身在职场的我们，就应当拥有像上面的那个海尔员工一样的精神与意识，我们要勇于承担起自己的责任，面对压力，并积极乐观地认为：这是"天将降大任于斯人也"，而不是一味地抱怨；同时，会更愿意乐意挑起实现公司目标的责任。

记住：一个真正具有使命感的人，并不是仅仅完成自己所应当做的事，而是要积极主动地去做好任何一件对自己所在的整体有所影响的事。如果你也是某个企业的一名员工的话，你一定要思考一下，这些你做到了吗？如果还没有的话，那么现在就快点让狼群的这种精神融入到你的实际工作之中去吧！你会发现，当你做到的那一刻，你所得到的会远远比你付出的要多得多！

【狼性团队说】

对很多人来说，使命不值钱。但是，对于一个团队来说，使命就是意味着成功。这也就意味着如果要想让团队获得更好的发展，团队的成员就必须主动完成自己的使命，在使命的召唤下主动奔跑，捕获自己的"猎物"。

在头狼发出命令之前行动

头狼也是普通的狼
不可能任何事情都面面俱到
而我们要做的就是
在头狼的命令前行动
做好自己应该做好的一切
这是我们的付出
也是我们的责任
……

——【狼性宣言】

在狼群的世界里，头狼的命令是至高无上的。可是很多时候，我们在观察一个狼群的时候，会发现一个问题：在没有头狼命令的情况下，很多狼竟然"私自行动"了。那么，这些狼是不是不把头狼放在眼里，或者说它们想要挑战头狼呢？

其实，事情并不是这样，它们并没有违抗头狼的命令，而是它们在头狼发出命令前开始了行动。举个常见的例子：

有一次，正在巡逻的红嘴狼群和一群小羚羊在广阔的草原上相遇了。因为狼群躲避得及时，没有被羚羊群发现。可是羚羊群移动的速度很快，如果此时不发动攻击，羚羊群说不定很快就会逃离。怎么办？最终，狼群在没有头狼命令的情况下，主动对羚羊群发动了攻击，并且非常顺利

地击倒了一只羚羊，狼群饱餐了一顿。

其实，这样的情况在狼群中并不少见。这也就是说，狼群中并不是时时刻刻都需要头狼的命令。即便是在头狼不在的情况下，狼群照样能运转得很好。因为这些狼善于在头狼发出命令前就行动，把事情做好。这同样是高度责任感的体现。

真正具有责任感的人从来不会等待有工作任务分派到自己的头上才采取行动，他们无论在什么时候，什么地方，都会将自己应当承担的责任记在心头，并且以一种积极主动的态度去面对身边所发生的事情，并且只要发现某件事情跟自己的责任有关，都会义无反顾地采取积极的行动。

现在的企业团队所需要的就是像这样具有真正责任感，主动工作的优秀员工，当我们在讲述这一问题的时候，总会想起发生在美国南北战争时一个叫做安德鲁·罗文的人的故事。这位叫做安德鲁·罗文的人是一个信使，他接到一项非常的任务，就是将一封重要的信件送到加西亚手中，然而他面临着一个难题，就是不知道甚至没有人知道收信的人在哪里。但是他接过这封重要的信件后就出发了，他没有问任何问题，也没有提出各种可能出现的困难。因为，罗文知道一个接受任务的人，他最终的目的是要完成任务，而不是找寻各种完不成任务的理由。

这个发生在安德鲁·罗文身上的故事，现在已经成为了一种象征，一名忠诚，敬业，负有责任，能够主动工作的人的象征。其实，每一个成功者都是安德鲁·罗文。而对于今天的企业员工而言，他们的身上所缺乏的正是这样一种真正的商业精神——忠诚、敬业、信用和责任，这也是我们为什么重提狼性精神的意义所在。

其实，任何任务都和送信一样，最终人们需要的不是我们究竟付出了多大的努力，遇到了什么样的困难，而是我们是否完成了任务。虽然这多少有些以“成败论英雄”的残酷，但是既然接受了领导赋予我们的使命，为什么不尽百分之百的努力去完成它呢？因为，当我们被赋予使命的那一刻，写信人已经意识到我们就是最佳的送信人，那我们为什么不想尽办法去完成这个光荣的任务呢？当领导给你一次表现自己的机会时，他也是在给他自己一次机会，他想看一看，他选中你作为送信人是不是正确的，他对你的信赖和器重是不是正确的。

在这个时候，有多少送信人能像安德鲁·罗文一样，没有问："他在什么地方?"其实，问与不问的差别并不仅仅是一句话的问题，更重要的是一个人在工作上坚持了一种什么样的态度。你是主动工作，还是被动接受安排？如果一个员工非要在领导的指点下一步一步循规蹈矩地开展工作，倒不如领导自己亲自工作，那么，领导还要你这个员工干嘛?

如果你是一名这样的员工，你敢说自己是负责任的吗？真正负责任的员工会主动工作，他们从不会抱怨自己的工作环境，或者自己的工作内容，因为这种抱怨的实质就是想逃避责任，一旦他没有完成任务，他马上就会说："要不是工作环境太差，我就不会做得这么糟。"或者是"领导根本就不知道我的工作能力和优势在哪，把我不太擅长的工作交给我做，那我能做好吗?"

如果你是这样的一名员工，你的成功几率就几乎为零。成功靠的是自己的努力以及在自己努力的基础上得到别人给你的机会，而并不是抱怨外在的条件，纵观那些成功的人，无一不是在遇到难题的时候，从自己的身上找寻原因，并且更加努力地去解决问题，完成任务。

为什么当美国总统需要一个送信人的时候，情报局的人说"有一个叫罗文的人，有办法找到加西亚，也只有他能找到"呢？为什么情报局那么多人，只有罗文有办法，也只有罗文能找到？事实上，罗文以前根本就没见过加西亚，也不知道他在哪里。最根本的原因就在于，罗文本身就是一个能够主动找寻机会并且能够主动完成任务的人，所以，并不是别人给了他机会，而是他自己给自己创造了机会。

【狼性团队说】

一个没有责任心的人并不仅仅是指那些不懂得承担责任的人，而且还指那些不懂得主动为团队付出的人，总是等到领导的命令才会行动。毫无疑问，这样的人是不会获得成功的。要想打造一个狼性团队，领导者就应该把这样的人排除在外。

第十二章

摆正心态才能捕好猎

狼群要想捕好猎，就必须具备好的捕猎心态；团队要想做好事情，就必须具备好的工作心态。无论我们要做的事情是什么，心态是最重要的。这种心态无论对于狼群来说，还是对于团队来说，既是一种正确的心理指引，也是一种良好的成功催化剂。只要保持这种心态去工作，成绩将是事半功倍的。

以猎物的心态去思考

猎物并不傻
但是狼群更聪明
在千年的净化过程中
狼群懂得了一点——
只有像猎物一样去思考
才能更好地捕获猎物
……

——【狼性宣言】

我们都知道，狼群在捕杀猎物的过程是一个和猎物斗智斗勇的过程，特别是在和一些智勇双全的猎物如野马群过招的时候，这种智勇的程度就会升级，无论在哪个环节落后了，狼群就会面临失败。

那么，怎么样和猎物斗智斗勇呢？最为关键的一点就是要懂得猎物的思维，以猎物的心态去思考问题。即，如果狼群现在是猎物，遇到自己的天敌追杀，自己会怎么做？然后根据这种思维来排兵布阵，自然也就容易抓获猎物了。

对此，红嘴狼群深有体会，几乎每一次的捕猎成功，都是红嘴狼善于站在猎物的角度去考虑的结果。其中最为经典的是有一次，红嘴狼指挥自己的狼群愣是将野马群赶进了草原沼泽地。

那年春天，雨水特别足，草长莺飞，原本宁静的草原一片繁华。各种各样的食草动物纷纷出现在草原之上，并且在水草的滋养下，个个长得膘肥体壮。自从红嘴狼培养了自己的“超级猎杀团队”之后，还没有好好地捕过猎呢，每次都是小打小闹，似乎不太过瘾。因此，红嘴狼决定将自己的“秘密武器”拉出来溜溜，而目标就是在红嘴狼群巢穴不远的那群野马，此刻它们正徘徊在附近的水坑边上。红嘴狼知道，那个水坑在春天就是一个沼泽地，一旦陷入其中，将很难逃脱，但是，对于野马群来说，又不会完全陷下去。

这个野马群并不是特别大，只有 7 匹成年马，其中还有一匹小马，也长得差不多了，估计再过一个多月，就成年了。对付这样一个成年野马群并不是一件简单的事情，特别是对于一些小狼群来说，更是想都不敢想的事情。可是红嘴狼知道，自己的狼群并不小，再说自己的目的并不是为了获得猎物，而是为了锻炼自己的“超级猎杀团队”，让这个团队在猎杀当中真正磨练自己的本领和技术，在冬季来临的时候，能“攻无不克、战无不胜”。

心意已决，红嘴狼立刻和自己的狼群进行了交流和沟通，并且很快征得了狼群的同意，特别是“超级猎杀团队”中的成年狼，更是对这场“战役”充满了期待，它们一味地用自己的嗥叫声来发泄着自己心中的情绪。

夜幕降临之时，红嘴狼群悄悄开始行动了。虽然红嘴狼对于附近的地形非常熟悉，但是为了小心起见，它还是对附近的地形进行了再次查看：这是一个类似于碗型的小盆地，因为春天雨水的淤积，“碗底”就蓄起了水，成了一个十足的小水坑。碗底的周边就是一个个有点小坡度的土丘，加上雨天湿滑，很多小动物经常会出现“溜滑”现象。

在了解到这些情况之后，红嘴狼开始明确目标：将野马群赶进沼泽地，数量不要多，只要一匹即可。为此红嘴狼开始制订抓捕方案：

第一步，壮大自己的威势。

第二步：打乱野马的阵型。

第三步：锁定目标马匹——最靠近水边的那匹马。

第四步：齐心进攻，一招制敌。

为了实施第一步，红嘴狼把“猎杀团队”之外的狼也都招了过来，埋伏在水池的周边，它们不直接参与捕杀，只是负责嗥叫，越能振奋狼群、威吓马群越好。当然，“猎杀团队”中的狼也参加嗥叫。试想，将近二十条狼一起嗥叫，那种声势有多么震撼。

毫无疑问，听到这种嗥叫之后的马群立刻警惕了起来，紧紧地围成了一个圈，自动把屁股摆在了外面，而那匹即将成年的小马则被围在了中间。这种情况红嘴狼已经预见到了，所以，它现在要采取第二步：打

乱野马的阵型。

那么，该如何打乱野马的阵型呢？红嘴狼着实进行了一番考虑，最后，它选择了“一边移”的方式，即“猎杀团队”中的 4 条狼同时向同一个地方、同一匹马发动攻击，即便这匹马的蹄子后扬得再快，也快不过 4 条狼的同时攻击。

事情果然不出红嘴狼所料，一看到四条狼同时向自己进攻，那匹马没有任何反抗就选择了撤退。此时马群的阵型已经开始乱了，向着这 4 条狼攻击相反的方向撤退，这正是红嘴狼所希望看到的。就在此时，红嘴狼发出了嗥叫声，意在呼唤自己埋伏在那里的狼群合围。叫声刚落，齐刷刷的 3 条狼又出现了，绿绿的眼睛在黑夜的马群看来，犹如死神的眼睛一般，令它们毛骨悚然。无奈之下，马群又立刻转过头来，沿着小山坡往上冲，可是头马还没有冲上来，就被红嘴头狼带领的另外 2 条狼赶了回去。此时的马群已经彻底乱了，只要见到有狼，无论多少，它们都不敢再往前走一步。

现在马群被三面合围，另外一面是水坑，根本就不能进去。现在该怎么办呢？最好的办法就是突围。这一点红嘴狼也想到了。可是往哪里突围呢？当然是最平、最宽阔的地方了。这一点红嘴狼同样考虑到了，于是它在早些时候就在那个方向多布置了 3 条狼。也就是说，马群的左边是 4 条狼，右边是 6 条狼（加上埋伏的 3 条），而坡上则是 3 条狼。而马群正是从它的右边 6 条狼的位置突围。

正当马群准备突围的时候，另外 3 条狼也现了身，和另外几条狼一起，向马群中最靠近水边的那匹马扑去。几乎就在同时，三面合围开始了，13 条狼，同时向着那匹马冲了过去。目标之准、速度之快让那匹马在毫无防备的情况下被逼进了水坑，并且它为了逃避狼群的撕咬，连蹦了好几下，将自己的四条腿深深地埋进了淤泥之中，任凭头马的嘶叫，动弹不得。

红嘴狼群成功了！它们用零伤亡的战绩赢得了这场“战役”，而他们成功的秘诀就是对马群的心理有了细致、深入的分析。知道马群要怎么做，然后抢在马群行动之前，把对方的路堵死，逼着对方按照自己的方式前进。

其实，在当今企业界，很多企业、团队在对待消费者、客户的时候都是使用的这个招术。比如，福特汽车公司考虑到客户觉得汽车太贵，于是他们就造出了廉价的汽车，并且以“让每个工人开得起车”为自己的目标。比如，麦当劳、肯德基等快餐店考虑到顾客觉得就餐不方便，于是推出了外卖……这些企业的做法无非就是通过对顾客、客户的心理进行思考，以顾客的心态去思考问题。很显然，他们最终获得了成功。

【狼性团队说】

在竞争如此激烈的年代，只有你善于揣摩“上帝”的心思，你才能从他们那里获得自己想要的结果。正如有句话所说的那样：只有你像鱼一样思考，你才能钓到鱼。

不断提高自我要求

在狼族的思想中
任何一次的捕猎成功都是偶然的
要想将这种偶然变成必然
就需要不断地提高自我要求
摆正捕猎的心态
苦练捕猎技巧
只有这样
狼族才能生存
才能变得更加优秀
……

——【狼性宣言】

虽然红嘴狼群最终获得了成功，但是在红嘴狼看来，这种成功是暂时的，或者说是一种侥幸，试想，如果这群野马能镇静一点，识破狼群

的诡计，那么，成功的希望就很渺茫了。想到这里，红嘴狼不禁打了个寒战，它下意识地舔了舔自己的嘴唇，此刻它知道自己该怎么做了：继续训练自己的狼群，不断提高自己的要求。只有这样，才能提高捕猎的成功率，才能在冬天来临的时候不至于让狼群饿肚子。

可是该如何训练呢？红嘴狼想到了一招：利用狼群和狼群进行对阵。可是，如何利用狼群和狼群对阵呢？此时，红嘴狼的脑子中闪过一个念头：把自己的狼群分成两组进行对阵？“不行，团队之间讲究的是默契，如果进行了对阵，这种默契感就很有可能会打破，得不偿失。”红嘴狼很快打消了这个念头。

“那就和其它狼群进行争斗吧！”其中的一条母狼用嗥叫声表达了自己的看法，毕竟自己的狼群不算小，和其它的狼群争斗应该不会出现什么损失，再说，只是超级猎杀团队进行训练，如果不敌对手，可以整个狼群出动，就能尽量减少损失。

“这是一个不错的建议。”此刻的红嘴狼很是欣慰，每次都是在有困难的时候，忠心的母狼总是能帮助自己，它转过身，用自己的舌头舔了舔母狼的毛发，以此来表达自己心中的那份感激之情。

第二天，红嘴狼就把自己的决定和狼群进行了沟通。刚开始时狼群还有些顾虑，可是在红嘴狼的一再解释和动员下，狼群基本达成了协议：向周边的狼群发出挑战！

就这样，草原上再次掀起了大规模的征战，而这种征战并不是狼群和猎物之间的征战，而是狼群和狼群之间的征战。从这些狼群的身上，红嘴狼群积累了丰富的实战经验，“超级猎杀团队”的争斗本领也获得了提高，甚至有些时候还能以一挡二。

这就是竞争的魅力，在打败别人的同时让自己的能力获得提高。那么，身处竞争中的我们，是不是也可以利用这种优势，不断提高自我要求，让自己的能力获得提高呢？

克尔曾经是一家报社的职员。他刚到报社当广告业务员时，对自己充满了信心。他甚至向经理提出不要薪水，只按广告费抽取佣金。经理答应了他的要求。

开始工作后，他列出一份名单，准备去拜访一些特别而重要的客户，公司其他业务员都认为想要争取这些客户，简直是天方夜谭。在拜访这些客户前，克尔把自己关在屋里，站在镜子前，把名单上的客户念了10遍，然后对自己说："在本月之前，你们将向我购买广告版面。"

之后，他怀着坚定的信心去拜访客户。第一天，他以自己的努力和智慧与20个"不可能的"客户中的3个谈成了交易；在第一个月的其余几天，他又谈成了两笔交易；到第一个月的月底，20个客户中只有一个还不买他的广告。

尽管取得了令人意想不到的成绩，但克尔依然锲而不舍，坚持要把最后一个客户也争取过来。第二个月，克尔没有去发掘新的客户，每天早晨，当那个拒绝买他广告的客户的商店一开门，他就进去劝说这个商人做广告。而每天早上，这位商人都回答说："不!"每一次克尔都假装没听见，然后继续前去拜访。到那个月的最后一天，对克尔已经连着说了数天"不"的商人口气缓和了些："你已经浪费了一个月的时间来请求我买你的广告了，我现在想知道的是，你为何要做这件几乎不可能做到的事。"

克尔说："我并没有浪费时间，我在上学，而你就是我的老师，我一直在训练自己在逆境中的坚持精神。"那位商人点点头，接着克尔的话说："我也要向你承认，我也等于在上学，而你就是我的老师。你已经教会了我主动接受挑战这一课，对我来说，这比金钱更有价值，为了向你表示我的感激，我要买一个广告版面，当作我付给你的学费。"

只有对自我有更高的要求和标准，我们才能真正地获得长足的进步与发展，才能为自我团队的生存与发展贡献出自我的一份力量，才能在团队获得成功的同时，成就自我。狼性团队中的人就是这样不断地给自我提出更高的要求和标准的人，也正是在于他们对自己的这种要求，才使得他们自身的能力得到不断而稳步的提升，使得他们能够在以后的日子里，有能力去应对执行中出现的各种各样的问题和难题。

如果红嘴狼群缺乏这种"提高自我要求"的精神和意志的话，那么，也就不会有红嘴狼群的辉煌。对现在的企业来说，由于竞争日益激烈，企业要想在这样的环境中得以更好的生存与发展，就必须拥有像红嘴狼群中的狼一样，不断地要求进步，积极主动的去修炼和提升自我能力的优秀员工。因为，无论在任何时候，要想在竞争中获胜，所凭借的最基本的竞争力是组成这个团队的成员的能力与素质，每位员工都有着积极

主动的学习精神，都有着不断提出更高的要求与标准勇气。拥有这样团队的企业一定是个优秀的企业。

【狼性团队说】

企业团队的突破是从员工的素质和能力开始，而身为企业团队中的员工，我们要想获得很好的个人发展，其根本还是在于自我素质与能力的修炼，是不是能够不断地要求进步，不断地给自我更高的要求与标准。

严于要求才能出好狼

成功的猎杀
是一个争分夺秒的过程
需要讲求完美
一旦有所松懈
一切都将化为云烟
这就要求我们懂得严于要求
否则
一切都是空谈
……

——【狼性宣言】

红嘴狼群的成功主要有两个方面：第一，红嘴狼的领导是正确的、战略方向是对的。第二，红嘴狼对于狼群的严格要求。特别是第二点，在训练“超级猎杀团队”的时候表现得最为坚决。

记得有一次，“超级猎杀团队”在捕杀一群羚羊的时候，其中的一条狼行动迟缓了一点，导致猎杀失败。为此，红嘴狼决定专门训练这条狼的行动速度，每次捕猎的时候，红嘴狼都分派这条狼当“追捕手”，即以最快的速度奔跑，完成对猎物的围捕、猎杀、驱赶。比如在猎杀一群羚羊的时候，这条狼就会以最快的速度跑到羊群的前面，把羊群赶入狼群所设好的埋伏圈里。经过一段时间的训练之后，这条狼的追捕速度果然快了很多，再也没有出现行动迟缓的情况。

当然，红嘴狼并不仅仅对一条狼严格要求，而是对所有的狼都是这样，只要它发现哪条狼存在问题，它就会针对这个问题进行有针对性的强化训练，直到将这个问题解决为止。也正因为如此，“超级猎杀团队”已经趋向于完美。特别是在和一般猎物进行过招的时候，这种优势表现得更明显。

标准是做任何事情的最低要求，如果我们只是按照标准去做事，仅仅只能将事情做好，谈不上更好，也就无法再竞争中脱颖而出。如果我们不断提高自己的期望和做事标准，严格要求自己，就会把事情做得更好，超出别人一些，从而掌握主动，提升了自我的竞争力。很多人之所以能够成就自己的辉煌，就是在于他们给自我更高的要求与标准，以至于令自己在执行过程中能够更好的完成任务。

接下来让我们看一个实际案例：

罗龙是一家企业的副总经理。他是一个非常热爱工作的人，他说他只有在工作中才能找到乐趣。因为对工作认真，他每天都有成堆的事情要做，这个要思考，那个要琢磨。他有一句口头禅：由我负责的事就必须做好，不准出差错。

他的朋友李凡劝他，有些事完全可以分派给属下去做，不必事事亲历亲为。罗龙也想这么做，让自己放松放松，但是一到工作时就忘了。他说如果完全把事情交给下属去做，他总是担心下属不能按照自己的想法完成，最后把事情做砸了，或者结果达不到他想要的程度。所以即使是把事情交给别人去做了，罗龙仍要不停地督促。

其实，拥有这样心态的人在做事情之前已经给自己定下了一个标准，只要是自己经手的事情都要达到这个标准，不容许出差错。这种心态会促使他们的每一个行为都要达到一个标准，甚至要求下属也要达到这一标准。

按标准做事是做好工作的最起码要求，坚持标准和质量可以提升自身的能力和素质，对于销售人员而言，坚持标准和质量可以增加销售，降低成本。以生海鲜为例，同一种产品，假若保质期为 3 天，员工会在

第一天采购很多产品，卖的不好也不着急，因为第一天卖不出去，第二天、第三天可以继续卖；如果保质期为 1 天，员工在采购材料时就会花心思计算合理的销售额，控制成本，在产品不好卖时他会主动站在货柜前向顾客推销，否则到关店时还卖不出去，就变成弃货和损耗。

由此，我们可以看出，在今天的这种环境中，企业要想获得长足而稳定的发展，就必须要比竞争对手做的更好，而如何才能实现这一目标，其根本就在于要不断提高要求与标准，而那些积极主动，深受老板和上司喜爱的优秀员工恰恰就是那些不断要求进步，不断提高自我的期望和做事标准，严格要求自己的员工。

【狼性团队说】

这是一个讲求“更好”的世界，一个团队要想比别的团队更具竞争力、生存力，那么，这个团队就要更加严格地要求自己、提高自我的期望和做事标准。正如“严师出高徒”一样，只有严格，才能出高品质的产品和服务。

专心致志捕好每次猎

我们始终谨记
生存的环境是如此恶劣
只有用心对待每一天的生活
每一次的猎杀
专心致志地做好每一次的
起跳、冲击、撕咬
我们才能获得食物
完成对生命线的延伸
……

——【狼性宣言】

狼群要想捕好猎，除了要有独到的猎杀本领之外，还要在猎杀心态上下功夫。即，在打猎的时候要懂得专心致志，切不可因为一些其他的事情分散自己的注意力，否则，不但猎物会跑掉，而且还会给狼群带来一些不必要的麻烦。

在红嘴狼群里面，这种情况出现得比较少，因为红嘴狼在这方面已经三令五申了。而红嘴狼之所以会这么做，原因就是它吃过这方面的亏。

那年，红嘴狼刚刚成年加入到狼群的捕猎队伍中，对捕猎过程中的一切都很好奇，就在加入狼群的第二天，头狼带着它出去捕猎，目标是羚羊。等到一切都部署完毕，头狼发出了攻击的命令，红嘴狼按照头狼分派的任务，对羚羊群进行了围捕。可是就在它全力奔跑准备合围之时，它发现就在它前方不远处有一只肥肥的土拨鼠正没头没脑地奔跑，于是红嘴狼没有想那么多，一个箭步就冲了过去，紧紧地追着土拨鼠。

最后的结果大家也都可能猜到了：羊群逃跑了，土拨鼠也逃跑了，狼群失去了一次机会。当时的头狼为了给红嘴狼一个教训，愣是足足让它饿了三天，直到它头晕脑胀为止。

经过这次事件之后，红嘴狼明白了“专心致志”对于狼群、对于结果的意义。失去了这一点，一切都将可能化为泡影。

其实，在工作之中，我们也应该做到这一点：专心致志地对待自己的工作。那些有着更高标准和要求的人，在他们的身上有一个显著的特征，那就是他们无论在做任何一件事情的时候，都会专心致志去面对自己所要做的事，并且要把这件事情做好。因为他们知道：只有专注，才能更专业，才能做到更好。

有人认为，在21世纪里，人们已经不仅仅是在用心做事，而是开始用肝、用肺了。所以说，如果我们想要将工作做好，是不是给自己最高的要求与标准，其最主要的原因就在我们的态度够不够专注。如果，我们不能专心致志地去了解你的工作和企业，没有专心做好每一件事，那种给自我设置的更高的标准与要求将形同虚设，起不到任何的作用。

在娱乐圈里，刘德华的敬业精神是有目共睹的，他之所以能够在香港娱乐圈里一直稳坐天王的宝座到如今，除了自身的敬业精神以外，与他不断的给自己设置更高的标准与要求，专心做好每一件事情是分不开的。

2008 年的电影市场上，不得不提及的影片便是《投名状》了，不过

很多人可能并不了解刘德华在拍摄这部电影时所付出的辛苦，尤其是在被李连杰用铁链绑住的那个镜头。

当时，李连杰攻城胜利后，要屠杀城内的士兵，刘德华曾经许诺，不伤城内的士兵和百姓，因此，二人出现了严重的分歧，刘德华被锁住了。

刘德华用尽全身的力气想要挣脱枷锁，最后甚至倒在地上奋力地爬，在拍摄这个镜头时，刘德华一再地重复拍摄，为的就是要达到最好最彻底的效果，以至于他的脚踝最后都被磨伤了，虽然仅仅只是一个小镜头，但是刘德华的专注可见一斑。

从刘德华的身上，我们无疑看出了不断的给自我设置更高的要求与标准的巨大力量，而现在许多身在职场中，获得很好发展的员工，他们都在不断地给自我设置更高的标准与要求，并且专注于自己所要做的工作。

一般来说，像这样对自我要求严格，不断地给自我提出更高的要求与标准的人，有着以下几个共同点：

（1）精益求精。美国钢铁大王戴尔·卡内基说："与他人相比，只有在成功中才能体现出我们的价值。要看我们是否做到了最好，就请评估一下我们的潜能吧。很多人都梦想成功，但成功通常只眷顾少数人。如果去做了，那么，所有人都可以做到最好，但实际上只有少数人真正做到了"。

（2）不安于现状。有能力者永远不会安于现状，很难甘于平庸，"全力以赴，做到最好"是他们的主要原则之一。

（3）注重细节。人每成功一次，能力就会增长一分，因此，千万不要因事小就不尽心尽力去完成它。把每一件小事都做得出色了，积累起来，熟能生巧，办起大事来自然就游刃有余。

（4）持之以恒。能力强的人做事总是充满韧性。坚持不懈，尽心尽力是他们的特点。

（5）从事并专注于自己擅长的行业。什么事情都想去尝试的人是很难成功的。你应该选择自己有兴趣的领域进行潜心研究。你要思考一下自己应如何增加兴趣、提高技能，获得发展的机会。更重要的是，无论是什么工作，先把它做好了再说。

（6）把要做的每一件事都尽力做好。这要求你对每一件事的每个细节都妥善安排好。无论你做的是大事还是小事，都应该全力以赴。

（7）重视实践。通常，每一项工作最困难的阶段就是实践和需要特别注意的活动。怎样才能缩小计划与实践间的差距呢？这要求你和伙伴们一起商议，找到提高工作效率的有效途径。

如果所有的人都能够全身心地投入到自己的工作中去，那么，即使是能力一般的人，也会取得很好的成绩。并且你要明白一点，那就是老板绝对会对那些勤勤恳恳、全神贯注、充满热情的员工另眼相待。

罗斯金说："来到这个世界上，做任何事都要全力以赴。"

即使是最普通的职业，也能从中体验到快乐与满足。就拿补鞋这么普通的工作来说，也有人把它当作艺术来做，全身心地投入进去。不管是打一个补丁还是换一个鞋掌，他们都会一针一线地精心缝补。而另外一些人则截然相反，随便打一个补丁，根本不管它的外观，好像自己只是在谋生，根本没有热情来关心工作的质量。前一种人热爱这项工作，不是总想着从修鞋中赚多少钱，而是希望自己手艺更精，成为当地最好的补鞋匠。而事实上，也只有这样的人，才有成为最好的补鞋匠的可能性。

【狼性团队说】

无论面对什么样的工作、多小的事情都要全力以赴地做好，做彻底，这就是专心致志。只有具备这一点，你才能获得更多的成功机会，你的团队才能有更好的生存和发展空间。

不可满足昔日取得的成就

死去的猎物已经死去了
我们要面对的是那些还活着的猎物
如果我们仅仅记住那些过去的完美的猎杀身影
那么，就会饿着肚子走向天堂
……

——【狼性宣言】

在经过了各方面的训练和完善之后，红嘴狼群的“超级猎杀团队”的表现已经很好了，捕猎成功率有了大幅上升。可是每当狼群中发出欢愉、不可一世的嗥叫声之后，红嘴狼都会粗暴地打断这些狼，甚至还会非常严厉地对待它们。

红嘴狼为什么要这么做呢？原因很简单：红嘴狼知道，过去的只能是过去，将来到底怎么样还不知道。如果现在狼群甘于享受、满足于以前的表现，那么，狼群就不会获得发展，甚至还会出现倒退。这可不是红嘴狼所愿意看到的，所以，在狼群中出现骄傲情绪的时候，红嘴狼才会发出这样的警告声。

对自我要求严格，不断地给自我提出更高的要求与标准的人，是从来不会满足于昔日所取得的成就的。因为他们知道，时代在不断的进步与发展，而我们要想拥有更好的生存与发展就必须跟上时代发展的脚步。很多成功者就是因为明确的认识到了这一点，并且从来不会沉溺在对昔日表现的自满当中。而对于今天企业中的员工来说要是没有终生学习的心态，不断追寻各个领域的新知识以及不断开发自己的创造力，你终将丧失自己的生存能力。因为，现在的职场对于缺乏学习意愿的员工很是无情。员工一旦拒绝学习，就会迅速贬值，所谓“不进则退”。转眼之间就被抛在后面，被时代淘汰。

当然，不满足昔日的表现还体现在善于挖掘自身潜力上。造物主赋予我们每个人一种突出的才能，但是很多时候我们并没有发现这种才能，为什么？因为我们没有发掘出自己的潜力。也正因为如此，我们会陷于平庸之中。面对激烈的竞争，我们应该不断地超越平庸，追求完美，挖掘出自己的潜力。

兰迪·劳伦斯现在是一家公司的老板，可他以前只是一名推销员。他奋起的源泉是他在一本书上看到的一句话：每个人都拥有超出自己想像十倍以上的力量。在这句话的激励之下，他反省自己的工作方式和态度，发现自己错过了许多可以和顾客成交的机会。于是，他制订了严格的行动计划，并在每一天的工作中付诸实践。两个月后，他回过头看看自己的进展，发现业绩已经增长了两倍。数年以后，他已经拥有了自己的公司，在更大的舞台上检验着这句话。

也许我们现在没有值得骄傲的成绩；也许我们现在还是一个即将被

淘汰的人。但是不能心灰气馁，只要我们能发掘出自己的潜力，只要我们找到真正属于我们的“特殊能力”，一切都将改变。

那么，该如何才能挖掘自己的潜力呢？很重要的一点就是要懂得学习。学习使人进步，这是一句老话了，说了上千年，但是目前依然保持着它特有的生命力，因为任何人都不能够否认它的正确性。只有做个虚心学习的员工，才能使自己在企业中立稳脚跟。并且更为重要的是，千万不要满足于昔日的表现，否则不但会停步不前，还有可能会出现倒退的现象，就像下面这个故事中的年轻人一样。

有一位年轻人曾经在一次公司组织的钓鱼大赛中取得过不错的成绩，从此他就开始有些飘飘然，认为自己也是个钓鱼行家。这天，周末休息的时候，他提着渔具到附近的河边钓鱼，准备多钓一些好好地“犒劳”自己一下。于是，他选择了一个位置坐下了。在他邻旁坐着一位老人也在钓鱼，二人相距并不远。开始的时候，这个年轻人钓上了几条鱼，这让他心情很愉快，可是随后，他就发现旁边的老人不停地有鱼上钩，他显然有些沉不住气了，不过他不愿意开口向老人询问原因，他始终觉得自己不应该比这位老人差。

一整天下来，看到老人满载而归的身影，又看到自己竹篓里仅有的那几条鱼，年轻人觉得很不服气，便赶上去问老人：“我们两个人的钓具是一样的，钓饵也都是蚯蚓，选择的地方也不远，为什么你钓到了这么多条鱼，我却收获甚微呢？难道你在诱饵上做了什么手脚吗？”

老人笑了笑说：“年轻人，我看得出来，你也是个会钓鱼的人，从一开始你钓鱼的状态上我就已经认同你了。但是，我们现在之所以差距这么大，你难道不明白其中的原因吗？这就是因为你过于满足自己的能力，觉得你自己就应该是最棒的，当你看到我比你钓的鱼越来越多的时候，你并不打算从我身上学到一些东西，而那时的你更是心浮气躁，试问，这样的状态你还能够取得进步吗？年轻人，要知道，人外有人，山外有山，或许你今天钓鱼只是为了消遣闲暇的时间，但是我希望你能够从今天的经历中明白学习的重要性，更要懂得不满足于昔日的成就才能取得更大进步的道理。”

年轻人听后，恍然大悟，是啊，钓鱼是如此，对待工作也理当如此。显然，他今天的收获不仅仅只是几条可以“打牙祭”的鱼，更重要的是，

这次经历使他明白了一个道理：不可满足于昔日的成就。

现在，请你想一下，作为企业员工的你，是否也在犯着如同这个年轻人一样的错误？如果是的话，就快点把这个错误纠正过来吧！当你不再满足于自己已经取得的成绩时，你便已经具备如同那些成功者一样的精神和素质了，那么，你还会担心自己不会成功吗？

【狼性团队说】

过去的成绩已经过去，并不能代表你的将来。我们要做的就是把眼光放远，不要满足于以往的表现。只有这样，才能取得更大的进步，才能让自己获得更大的生存空间。

第十三章

只有狼群才具备战斗力

一条狼杀不死一只羚羊，更杀不死一匹野马，有时甚至连一只土拨鼠都追不上。只有利用狼群的力量才能真正具备战斗力，才能获得自己所想要的一切。狼群如此，企业亦是如此。光靠老板一个人的力量是有限的，不可能仅靠一个人就能将企业发展壮大。只有集合全体员工的智慧和能力，企业才能获得良好的生存和发展。

“英雄狼”为什么会死亡

虽然狼群的力量很大
但是一条狼的力量很小
小到连英雄都不应该有
在狼族的世界里
要的并不是英雄之狼
而是群狼
……

——【狼性宣言】

在狼的世界里，从来就不应该有“英雄主义”的说法，因为一条狼的自身优势并不明显，特别是在对手林立的生存环境中，一旦你“逞英雄”，悲惨的结局就在所难免了。在红嘴狼的印象中，就曾经看到过这样一条狼。

那年是它加入狼群捕猎队伍的第二年，有一天，跟着狼群出去巡逻领地，在靠近自己领地边界的地方，它见到了让它一辈子都不会忘记的一幕：一条身形比较彪悍的公狼，在和一群野马群争斗。只见这条狼频繁地对野马群中的一匹马发动攻击，此时的马群已经摆好了抵御狼攻击的阵型，齐刷刷的马蹄对着这条狼。按照一般的情况，这条狼应该知难而退，寻找狼群来协助自己。即便没有狼群帮助，也应该把目标定在羚羊、旱獭身上。

可是，这条狼显然没有放弃的意思，一而再、再而三地惹恼马群。此时，马群的头马意识到了这是一条不怕死的狼，它之所以这样骚扰自己，实在是因为不知道自己的厉害。于是，马群改变了自己的防守策略，开始转变为进攻策略。

在头马的指挥下，马群中几匹年轻健壮的公马围成一个半圆形，对着这条狼，发动了攻击。只看到这些马把头仰得高高的，以防止狼咬住自己的脖子，而同时，它们也把蹄子扬得高高的，只要狼被踢中一次，哪怕仅仅是一次“擦边球”，对狼造成的创伤也是巨大的。就这样双方开始了长达 10 秒钟的对峙，似乎是马群在给这条狼最后的撤退机会。

红嘴狼以为这条狼最终肯定会选择离开，毕竟它的力量相对于这群强壮的公马的力量来说，太小了。但是让红嘴狼万万没有想到的是，这条狼不仅没有选择退却，而是再一次发动了攻击。它的举动也让头马深深地震撼了一下，不过它很快镇定了下来，对着这些年轻的公马下达了攻击的命令。

“这真是一条英雄之狼，我以后也要当这样一条英雄之狼!”看到这条狼的举动之后，红嘴狼心里默默地想着，可是还没等它想完，情况就出现了：就在这条狼再次发动攻击的时候，它的身躯被其中的一匹公马狠狠地撞了一下，并且很快失去了平衡，重重地摔在了地上，这些公马见状，没等这条狼反映过来，齐刷刷地 4 只马前蹄就踏上了这条狼的身体，在长长地呼号了一下之后，这条“英雄狼”魂归西里，结束了自己的生命之旅。几乎就在同时，一个规模不小的狼群赶了过来，将马群赶跑了。头狼走到这条狼跟前，嗅了嗅这条狼身上的气味之后，头也不回地走了。似乎在它心目中，这种结局是注定的，早就预测到了的。这时，红嘴狼才明白，这条所谓的“英雄狼”只不过是一条不懂得“狼群力量”的狼，它之所以会单枪匹马地去袭击一个大马群，原因就是它总觉得自己的力量是强大的，即便没有狼群，自己也能猎杀成功，而实际上它不但没有成功，还丧失了自己的性命。

其实，不仅仅是狼群需要团队精神，其他的动物同样需要团队精神，比如说大雁。

在加拿大温哥华的海滨公园里，生活着这样一群大雁，它们放弃了一年一度的迁徙，从候鸟变成了留守鸟。起先只有两三只大雁，到后来增加到数百只，越来越多。它们再也不愿往南飞了，因为它们发现，人们来到海滨游玩的时候，总是喜欢携带一些饼干、薯片、杂食来喂养它们。即使在严酷的冬天，它们也可以一边躲在建筑物里避寒，一边等待着人类的喂养。它们似乎再也不用担心过冬的食物了。这些聪明的鸟

儿，也早已学会了如何讨好人类，围绕在人的周围，呀呀地叫着谄媚乞食。

杰克可能是最后一只南飞的大雁，它对儿子罗纳说："我们不能忘了南方的故乡，那里是我们心灵的家园。"

"可是，南方实在是太遥远了！"儿子有些畏难。

杰克严肃地告诉儿子："南方虽然遥远，却能够锻炼我们飞翔的能力。"

杰克是一只理想主义的大雁，任何困难都阻挡不了它的决心。但是，杰克不得不正视一个现实的问题：大雁南飞是一个团队合作的过程，它必须找到一群志同道合的伙伴。在杰克的生涯中，它曾经有过这样的经历：当秋天来临，整个雁群就会积极做好南飞的准备。它们总是喜欢排成"人"或"一"字飞行，在这种团队结构中，每一只雁扇动的翅膀都会给紧随其后的同伴鼓舞起一股向上的力量。这样，雁群中的每个成员都会比一只单飞的大雁增加超过 70% 的飞行效率，从而能够支持它们顺利地到达目的地，完成长途的迁徙。

人们赞叹大雁，为它们的团队精神而感动并钦佩不已，杰克也为自己是这支光荣团队的一分子而倍感自感。然而，杰克虽然经过多方面的努力，却再也找不到一个愿意和它一起重返南方的同伴。因为贪图温哥华海滨公园不劳而获的享受，那些大雁拒绝了杰克的建议。更何况，许多大雁都患上了富贵病，大腹便便、体态臃肿，很难适应长途飞行。

为了一点短期的利益，大雁们忘记了它们的目标，光荣的团队早已变成了历史，变成了令人百感交集的回忆。失望的杰克只好独自带着儿子上路了，开始了命中注定的一次悲情之旅。

一个星期之后，英雄的杰克便永远消失在蓝天白云之间了，一颗罪恶的子弹击中了它筋疲力尽的翅膀。不断滴落的鲜血染红了天空的记忆，直到杰克发出最后一声哀鸣。

个人英雄主义在当今社会已经行不通了，21 世纪靠的是团队。一个优秀的团队，才能取得成功；每项工作必须要有组织、有计划、明确分工、互相协调。个人只是团队中的一员，个人要想取得大的成就，必须依靠团队的力量。当一个员工把自己的人生目标和企业团队联系在一起时，企业团队才能超越个人的局限，发挥集体的协同作用进而产生 1 + 1 > 2 的效果。那么，怎样才能更好地发挥团队合作的精神呢？

1. 放低姿态，和别人站在同一线上

职场之上，高低无所不在，而职场人要做的就是磨灭这些高低不平，将自己放在和别人同一位置之上，甚至还可以把自己放在比别人更低的位置上。这样做的目的就是不招致别人的嫉妒和打击。特别是在自己有“得意”之处时，更应该注意这一点，无论是在言行上，还是在其他方面，都要做到低调、低调、再低调。

除此之外，还要做到谦逊，适时和同事取得沟通，并且在沟通过程中有意识地暴露一些对自己无伤大雅的短处。这样就能满足别人的自尊心和虚荣心，消除别人的嫉妒心和小人之心。

2. 尽量减少自己和同事之间的摩擦

职场之上摩擦必定有，职场人能做的、而且必须要做的就是减少这种摩擦，把与团队成员之间的摩擦降至最低，是为了积聚自己的能量，走更长的路。记住，这不仅仅是一种处事的智慧，还是一种生存的智慧。

3. 适当利用别人，体现别人的价值

职场之上，如果你想漠视一个人的能力，最好的办法就是不去利用他。同样，如果你想肯定一个人的能力，就好好利用他，并且在利用完之后给他一个满意的微笑和一句真诚的感谢。这会让对方的虚荣心得到极大的满足，他们不但不会因为你在利用自己而和你发生摩擦，反而会觉得你“慧眼识英才”，你是他们的“知己”而将你纳入朋友的行列。

【狼性团队说】

一个人的力量再大，毕竟是有限的。在现代社会，只有善于组合群体的力量才能获得更大的生存空间和发展机遇。因此，一个聪明的团队领导者并不会选择去当英雄，而会选择“缔造者”的角色。

善于把狼变成狼群

我们知道自己力量很小
所以我们要借助别人的力量
一条狼
可能连一只土拨鼠都追不上
但是一个狼群
却可以杀死一匹野马
乃至一头野牛
这正是我们所需要的
……

——【狼性宣言】

在狼的世界里，有这样一件奇怪的事情：几条流浪的狼会自动组成一个狼群来捕猎，一旦捕猎结束，这些狼群就会自动解散，流浪的狼再次流浪。等到再次需要捕猎的时候，它们会再次主动联合。这种现象，被牧民们形象地称之为“狼群重组”现象。那么，狼为什么要这么做呢？很简单：它们知道，没有狼群的力量，自己只能被饿死。只有把一条条狼变成一个完整的狼群，它们才能发挥出自己的作用。

团队合作的成效，要远远比单打独斗的效果大得多。如果大家都朝着同一个方向努力，就没有什么是不可能完成的任务了。

这也就是说，当你成为团队中的一员时，一定要将“我”变成“我们”。你必须舍弃部分的自我，才能使整个团队有茁壮成长的可能。

在团队中，除了要让每个人都有自我成长、完成目标的机会之外，更要努力让整个团体为设定的愿景目标而奋斗。如此，才能达成个人和团队的“双赢”。

放眼一流的工作团队，他们之所以会出类拔萃，无非是因为他们的成员能抛开自我，彼此高度信赖，一致为整体的目标而奉献心力的结果。

在团队中，你要为每个伙伴或可能成为伙伴的人，设身处地地着想。团队合作是生活的一大要素，一个伙伴的成功，就是大家的成功。因此，你身为其中一员更应该尽自己的能力，与大家同心协力。你的团队的成就，也就是你个人的成就。因此，你更应该时时以团队共同争第一为目标，为团队贡献出自己的力量。

有两个人因为所乘坐的船失事后，流落到了一个荒无人烟的小岛上，放眼望去，茫茫的大海根本看不到边，他们几乎已经绝望了。这时，出现了一位上天的使者，给了他们一根鱼竿和一篓鲜活硕大的鱼。他们已经饿了整整三天了，两个人见到这两样东西，有些迟疑，但还是一人选择了一样。得到鱼的人原地找到了一些干柴搭起篝火，将鱼烤熟后，狼吞虎咽地吃了个精光，连鱼汤也没有剩下一滴，他吃饱后便起身想走到海边等待救援。可是他根本无法识别哪里才是能够到达海边的方向，这一走，终于饿死在路上了，因为他已经再没有可以充饥的食物了。而另一个人强忍着饥饿，拿着鱼竿一步步艰难地向海边走去，他手上还有可以救他一命的指南针，他希望抵达海边后能够钓到一些鱼，让自己的生命得以维持下去。但是当他看到不远处那片蔚蓝色的大海时，他已经用尽了浑身的最后一丝力气，只能眼巴巴地带着无尽的遗憾撒手归西。

两个人就这样一先一后地上了天堂，他们又见到了给他们东西的使者。使者让他们看了令两人为之震撼的一幕：在他们之前，也曾经有两个同样经历的人接受了使者给予的一篓鱼和一根鱼竿。

那两个人并不是像他们一样将东西分完后就各奔东西，而是坐下来一起商量对策。最后他们决定一起走到海边去钓鱼用以维持生命，而在这个过程中，可以用篓里的鱼充饥。他们在指南针的带领下，一步步地接近海边，在十分饥饿的情况下便烤一条鱼来吃，当他们抵达了海边的时候，篓里的鱼仅仅剩下最后一条了。不过这已经不再让他们感到惧怕了，因为他们的手中还有鱼竿，两个人最终在被困 3 个月后，登上了救援的船只，回到了他们日思夜想的家乡，此后过着幸福的生活。

显而易见，这便是合作的重要性。

现如今，老板和员工之间存在着这样一种长期的固定合作的模式：老板出钱，员工出力，老板拿利润，员工拿工资。这也就是说，只有企

业先生存，员工才能有所发展。因此，员工一定要融入到企业这个大团体中，为企业的生存和自我的发展做出应有的努力。

融入是一种双方的相互认可、相互接纳，并形成行为方式上的互补互动性和一致性。理性制约力强、感悟力好的人，融入得自然和谐、顺乎情理，被群体接受的程度就高，因此，就可能会取得更多的发展条件和机遇。而你，绝对应该做一个这样的人，才能不被企业所淘汰，看看托马斯·安德森的经历吧，从他的身上你或许能够受到一些启发。

托马斯·安德森毕业后进入到了一家大公司工作。由于他在学校时一直都是班上的优等生，所以他进入工作环境后，常常恃才傲物，个性强硬，从不服输，更加不懂得如何融入公司这个大团体。

当时，和他一起进入公司工作的还有安东尼·卡彭特。安东尼和托马斯一样在学校里都是非常优秀的人，不过他进入了工作环境之后，发现身边的人都是很朴实地工作着，并且上司又是个善于妒嫉的人，于是他就收敛起自己的光芒，朴实地工作，连喜欢抽烟的毛病也因办公室无人抽烟而戒掉了，他还主动热情地与同事打交道，很快就赢得了同事和上司的喜欢。

在年终评选优秀员工的奖励大会上，由于安东尼的工作表现优秀，再加上受到了同事的支持，他得到了表彰。而托马斯虽然也非常努力地工作着，甚至工作成绩比安东尼还好，可是由于同事背地里常说他的坏话，上司也不喜欢他，使得他在评选大会上一票也没有得到，并且，就连他的好成绩也没有受到任何表彰。

于是，恼怒的托马斯认为自己不受重视，感觉英雄无用武之地，便辞职而去。离开这家公司后，他走了几个地方，可是始终也无法找到满意的工作，他才开始思考自己身上存在的问题，其实原因很简单，那就是他缺乏一种团队合作的意识，才使得他无法受到他人的认可。

【狼性团队说】

不论你的才能有多大，如果你恃才自傲，终究找不到一个可以容纳你的地方。这也就是说，只有找到与同事和谐相处的一致点，融入到团队这个大的群体中去，才能成为受欢迎的人，也才能为自己的生存和发展奠定一个坚实的基础。

别对你的战友求全责备

任何一条狼都有犯错的时候
既然知道这样
为什么在别人犯错的时候
我们还要去责备对方呢?
……

——【狼性宣言】

狼群在捕猎的时候会经常失败，而之所以这样，是因为狼群中的某些狼做得并不到位，有的是跑得太慢，有的是因为没有按照头狼的意思去追击猎物……

在我们的心目中，狼群中的狼肯定会互相抱怨、责备。可是狼群中并没有出现这种情况，它们在捕猎失败后并不是想着如何去责备对方，而是想着如何在下一次捕猎时做得更好。也正因为如此，狼群在绝大部分时候都是非常“和谐”的。

从我们刚刚懂事开始，我们的人生第一课，实际上就是学习如何和别人相处。最初和我们相处的是我们的父母，之后是托儿所、幼儿园的阿姨和小朋友，之后又有从小学到大学期间的老师和同学。等到我们走进了社会，随着交际范围的进一步扩大，各式各样的人物也就随之走进了我们的生活，和我们打交道，在这些人中，有些可能还会成为我们一生的朋友、知己或是伴侣。在这里，除了和我们朝夕相处的生活伴侣之外，和我们打交道最多的，当然就要属我们工作上的同事、生意上的伙伴了，即我们的合作者。

我们的合作者，有些也许会成为我们人生的朋友，但是多数情况下，这些人对于我们来说仅仅只是合作者，也就是那种只存在于工作上的关系或者生意上的关系，不会有多少情感投入的人。

这就需要我们能够掌握好如何与这些合作者相处的方法了，这看起来似乎很简单，但在实际生活和工作中，我们却很容易陷入到对合作者求全责备的误区之中。

试想一下，你是否在工作和生活中常听到过类似这样的话语：

"他怎么能跟我们搞这个项目，瞧瞧他那副清高的样子！"

"这个人个性太强，不适合到我们这个团队里。"

俗话说：金无足赤，人无完人。生活、做人的道理我们都懂，但一遇到具体的事情，我们却常常犯类似上面的话语毛病，即对合作者的要求超出了对一个普通人的要求，要求他尽善尽美，没有缺点和不足；一旦发现或意识到合作者身上的缺点和不足，就开始求全责备，由于对对方身上的一些无关紧要的方面看不顺眼，而拒绝同对方合作。这种由于非本质的好恶而排斥同对方合作的做法，是一种生活上的失利，一种事业上的挫败。

是的，清高、孤僻、个性太强，这些有可能都是缺点和不足，然而问题是，这个人身上有着你在这项工作、这笔生意、这个项目所需要的优点和长处，后者才是他这个人的主流。所以，当我们在生活中遇到类似这样的问题需要我们作出抉择的时候，你首先要考虑的是你的工作、生意、项目，而不是你的合作者身上这样那样的缺点与不足；再者，如果你对合作者求全责备时，你也该想想，你也不是完人，也并非十全十美。更何况，国与国、党与党之间尚可以进行"求同存异"的合作，而现在只不过是共同从事某项工作或做一笔生意，你又何必要求全责备？这个时候，你应该本着"有限合作"的态度与你的合作者共同完成任务，才是聪明的做法。

所谓"有限合作"，是指社会成员之间在某一方面、某种程度的合作。如对某项学术问题的共同兴趣，某项技术的合作开发，生意上的买卖等。为了实现这种"有限合作"，我们不应该因为其他方面的好恶来影响对合作者的判断，更不应该用"物以类聚，人以群分"这样的老观念将合作者拒之门外，而应该去挖掘其中新的内涵，这也即是所谓的"人尽其才"吧！

几千年前，孔夫子就曾经教导我们说："三人行，必有我师焉。择其善者而从之，其不善者而改之。"为什么我们现代人还要对合作者求全责备呢？仔细想想吧，当你又开始挑剔你的合作者的时候，别忘了自己也是团队的一分子，而你所能做的应该是为整个团队凝聚力量，以促进团队更好的发展，难道不是这样的吗?

【狼性团队说】

一个团队，要想和谐发展，团队成员之间首先就应该和谐，不要对别人求全责备。要记住任何人都有可能犯错，如果你今天对别人求全责备，下一次你犯错误的时候，别人会加倍还给你。

头狼的舔舐最鼓舞狼心

我们卖力的追捕猎物
不仅仅是为了获得足够的失去
而且也是为了获得头狼的舔舐
在狼族的世界里
这是最高的荣誉
也是我们努力的动力
……

——【狼性宣言】

每次捕猎之后，红嘴狼都会来到自己的狼群身边，对表现不错的狼表现出了特有的关怀：舔舐。要知道，在狼的世界里，只有狼群为头狼舔舐的份，从来没有头狼为狼群舔舐的。在狼群中，如果哪条狼获得了头狼的舔舐，就意味着这条狼获得了最高的荣誉，在下一次捕猎的时候，这条狼会更加努力地去做好自己的工作。

从狼群的身上，我们可以获得这样一个启示：要想让自己的团队、员工更加用心去工作，就必须掌握鼓舞人心的艺术。

威廉·阿瑟·沃德说过："拍我的马屁，我可能不会相信你；如果你批评我，我可能会喜欢你。如果你对我视若无睹，我可能不会原谅你；

但是如果你鼓励我，我永远都不会忘记你。”

专栏作家鲍伯·格林有一次在访问篮球界的传奇人物迈克尔·乔丹时，问他为什么在比赛的时候希望父亲能到场，乔丹回答说：“当父亲坐在观众席上的时候，我就好像吃了一颗定心丸一般，因为我知道，就算全场嘘声四起，我至少还有一个忠心的球迷默默地为我加油打气。”

其实，每个人都是一样的，不论你有多么强大、多么自信或是多么受欢迎，但是当你面临崭新的挑战、困难的境况，或是处理枯燥的工作时，如果你能够感受到支持者衷心的鼓舞和打气，那么，相信所有的问题自然也能够迎刃而解了。正是因为这样，你也有必要成为别人忠心的支持者，学习鼓舞人心的艺术，为他们鼓劲、加油，而他们也一定会因此而感激你，当你能够在团队中充当一个“鼓励者”时，那么，你所在的团队一定是优秀和强大的，因为所有的人都会齐心协力，为实现目标而努力。

大多数人的眼界放得太高，总希望为全人类的幸福而努力，但是却忽略了小事情，其实就算是一些小小的协助或支持，对于受到协助的人而言，也具有同样的意义，效果也不会因此而打折扣。这些“小事”里头当然包括对他人的鼓舞。有句话是这样说的：“鼓励是迈入新的一天的动力。”这种鼓舞的力量是非常强大的，人们会因此而对自己更有信心，并且获得足够的力量继续前进，为了达到所希望的境界而全力以赴。

一句称赞他人“工作做得不错”的话语，可能对那个人的生活造成非常深远的影响。遗憾的是，我们未必肯抽出时间和他人分享自己心中的感受，或是用一些鼓舞的话语让他人感到欣喜。

那么现在，请你找张小卡片，从自己的同事当中选出一个人作为对象，在小卡片上写上贴心话，为对方打打气。你对这个对象最佩服的地方是什么？你可以看他（她）的才能、特征或是为人处世的态度；你为什么乐于和这个人共事？这个人这个星期里做了些什么事情让你感到快乐、如释重负，或是为了整个团队创造了更大的价值？这里要提醒你的是，你在纸片上所写的讯息要个人化，用名字（不要冠姓）来称呼对方，写下你鼓励的话语以及你对他（她）的感受，内容要尽量写得清清楚楚。奥里森·马登说：“努力为你周围的人带来阳光和微笑，这样将会为你带来丰富的回报，这也是其他任何投资都无法比拟的。”

你应该真心协助别人建立起自信及自重，让他们深信自己有能力，让他们了解到自己的重要性并且看到自己的努力受到肯定。对于别人的成功衷心的感到兴奋，成为给别人加油打气的啦啦队长，突显别人的贡献以及长处。每天带着温暖的阳光去上班，并且把这样的温暖散播给和你共事的每一个人。

知道吗？当你为别人加油打气的时候，别人同时也会把你视为救星，这样的努力不要偶尔为之，而是应该持之以恒，并且将此视为一种工作的态度。

弗洛伦萨·利陶尔说："我们都需要鼓励，当然，如果没有鼓励的话语，我们照样生活，就好像幼苗没有肥料的滋养，依然会继续成长。但是，如果没有这种温暖的鼓励的滋养，我们自己的潜能就无法得到充分的发挥，而且就像是没有肥料的树木一样，成功几乎不可能在这样的环境下开花结果。"

因此，从现在开始，学会去鼓舞团队中的每一个人吧，你所收获的回报一定会比你简单的那几句赞扬的话要多得多。

前英特尔公司总裁兼首席行政官安迪·格鲁夫说："一个企业，一个政府以及人类社会的大多数组织活动不但是由单个的人参与的，更是由一定的团体集体行动完成的。"松下幸之助说："松下不能缺少的精神就是协作，协作使松下成为一个有战斗力的团队。"卡耐基说："放弃协作，就等于自动向竞争对手认输。"朗讯 CEO 陆思博女士说："协作对于今天的企业而言，就是生命。没有协作精神的员工会对企业极不负责任。"

所谓"君子和而不同"，合作讲究的是求同存异、共同奋斗，使双方产生合力，适应工作的推进与发展。你可以与他不是知心朋友，可以不喜欢他，但是你不可以轻视他。所以，合作的基本原则的第一条就是——尊重。尽自己最大的努力使自己成为最好的合作者，这也更加有助于合作的成功。

【狼性团队说】

对于团队领导者来说，要做的事情不仅仅是制订正确的发展方向，而且还有鼓舞团队中的每一个人。不要以为，这种鼓舞是可有可无的，对于团队成员来说，这是领导者对他的一种肯定，更是领导者所给予的一种荣誉。

让群狼都积极参与进来

一条英明的头狼
不一定要很勇猛
也不一定要有尖锐的牙齿、丰富的阅历
但是一定要有开明的态度
在制订猎杀方案时
让群狼都参与其中
只有这样
我们才能更好地理解身上的责任
……

——【狼性宣言】

在所有的狼群中，红嘴狼算是一条比较开明的头狼，因为它很注重让自己的狼群参与到管理中。特别是在作出重大决策的时候，红嘴狼更是会听从狼群的意见，然后才作出自己的决策。

每当夜幕降临的时候，整个狼群都会发出长长的、嘈杂的嗥叫声，这不是狼群在“吵架”，而是它们在和头狼进行交流，发表自己的看法。对于群狼来说，这是它们被重视、尊重的表现，也是为狼群奉献自己的过程。只有积极地献言献策，狼群才能获得更好的发展。

在团体中，每个成员都应该具有奉献意识，并有责任作出自己应有的贡献。

在许多团体场合中，有的人喜欢让别人出头露面，而自己却静静地坐在那里，做一个感兴趣的旁观者。这样做的结果是，你无法培养自己的社交能力，不能赢得团体中其他成员对你的尊重，也无法对团体的决定施加影响。

既然你同样对团体的最终决策负有责任，无论你态度积极或保持沉默，你都可以贡献你的聪明才智。如果你不敢抛头露面，大胆地表述自己的观点，或觉得自己的观点不如他人的有价值，那么，你首先需要排除这种消极认识。如果你感到忧虑和焦急，那么，你就更加需要迫使自己迈出第一步。要知道，万事开头难，随着你不合理的怪念头的减退以及你自信心的增强，你才能积极地参与到团体的活动中来，为团体的发展作出自己应有的贡献。

因此，你一定要培养积极参与的意识，更好地融入到团队中去，体现自我的价值，同时，为团队“尽上一份心力”。当然，不仅员工要有积极参与的意识，团队的领导者也应该具备开放的作风，允许团队成员的参与。

现在有数不清的组织风行“参与管理”。领导者真的希望做事有成效，就会倾向参与式领导，他们相信这种做法能够确实满足“有参与就受到尊重”的人性心理。

成功团队的成员身上总是散发出挡不住的参与狂热，他们相当积极和主动，一遇到机会就参与。

玫琳凯化妆品公司创办人玫琳凯·艾施（Mary Kay Ash）说过：

“一位有效率的经理人会在计划的构思阶段时，就让部属参与其事。我认为让员工参与对他们有直接影响的决策是很重要的，所以，我总是愿意甘冒时间损失的风险。如果你希望部属全然支持你，你就必须让他们参与，越早越好。”

通过参与的成员永远会支持他们参与的事物，这时候团队所汇总出来的力量绝对是无法想像的。

科龙集团创建于 1984 年，现有职工 12000 余人，科技人员 1300 余人，固定资产 15 亿元。在发展过程中，科龙集团的决策层充分认识到“参与”对“鼓舞员工士气”的重要意义，决定把这种“参与文化”摆在前所未有的高度，将其作为一种新的激励力融入到企业管理中。他们认为，有些物质激励资源也许会枯竭，唯有文化激励力会生生不息，绵延不绝。

基于这样的思想认识，科龙集团发起了“万龙耕心”的企业文化建设工程。所谓“万龙”，就是指 12000 多人的员工队伍；“耕心”就是要把企业文化的种子，撒播在每一位员工的心田，让它开花结果，发展壮

大。“耕”字还有精耕细作的意思，寓意这次活动不会流于形式，而是使每一位员工参与其中，将大家的心凝聚在一起，建立起一种具有高激励力的企业文化氛围。

【狼性团队说】

让团队成员参与团队的决策，不仅仅有利于大家更好地理解自己的任务，而且还能让团队成员之间获得更好的交流、更加明确自己的职责。这不就是狼性团队所苦苦追求的一切吗?

尊敬狼群中的每一条狼

狼群中
任何一条狼的力量都是不可或缺的
头狼要做的
就是尊重每一条狼
利用这些狼的力量
把猎物变成我们的美餐
……

——【狼性宣言】

我们前面刚刚说了，狼群之所以很和谐，原因就在于它们从来不对自己的伙伴求全责备，即便对方犯了错误，不但不责备，还会安慰。当然，这是原因之一。另外还有一点就是头狼非常尊重狼群中的每一条狼。

合作的基本原则就是尊重，但这并不是说你只要尊重你的上级或是那些有绝对权利的人，你所要做的是要尊重团队里的每一位成员，这才是保证合作成功的基本要求。

国际知名的管理顾问肯尼斯·布兰查（Kenneth Blanchard）在其设计的高绩效团队评分法第 11 项和第 12 项分别指出：成员会积极主动倾听别

人的意见，不同的意见和观点会受到重视。

有位团队负责人说："我努力塑造成员们相互尊重、倾听其他伙伴表达意见的文化。在我的单位里，我拥有一群心胸开放的伙伴，他们都真心愿意知道其他的伙伴的想法。他们展现出其他单位无法相提并论的倾听风度和技巧，真是令人兴奋不已！"

当然，尊重自己的员工表现在很多方面，其中最为重要的两点就是：

第一，让员工充分表达自己的观点。有些时候，虽然你可能确信你比其他的参加者更有知识，但重要的是，你要让他人充分地表达自己的观点，而不要随意打断或表现出不耐烦，做到这一点对于团体正常地发挥功能是很有必要的。也许在某些场合，其他成员不同意你的分析或结论，即使你确信你是正确的，当发生这种情况时，你也需要做出必要的妥协和让步。如果做不到这一点，就要接受现实，尽你所能阐述自己的观点，力争使他人能够接受，你所做的这一切，无疑就是给合作者最好的尊重了。

第二，拒绝对员工进行粗暴管理。在管理工作中，对人的管理是最为重要的。管理得当，员工们就会焕发冲天的干劲，就会形成高效的团队，为企业带来更大的效益；管理不得当，则人心涣散，企业就形同散沙，效率明显降低，从而阻碍发展。

有的经理人对待员工的态度和做法显得简单而粗暴，比如经理无缘无故对员工发脾气，用蛮横的态度或无礼的语言甚至是带有污辱性的话语对待员工，对此员工是无法承受的，从而产生一些积怨。

"你瞎了眼吗，这么简单的事情都处理不好？"

"我真怀疑你的智力，比弱智还差，我都替你脸红！"

"发什么呆啊，你的脑袋里装的难道是浆糊吗？"

在某些企业中，诸如此类的话经常传输到员工的耳朵里，试想他们的心情是什么样子呢？这种尖酸刻薄的话本不应该出自于企业经理之口，但是在现实的企业管理中，这样的事例却举不胜举，因此，员工心底产生的埋怨也是不计其数的。

粗暴管理可分为语言粗暴和行为粗暴两种。其中，更为突出的表现是语言粗暴管理，即经理在不考虑员工承受能力，不分场合、不分事情大小的情况下，用刻薄的语言来训斥员工。这会使员工产生抵触、怨恨

等不良情绪，极大地降低工作热情。

而粗暴的行为管理则具体表现为对员工肢体的伤害和随意克扣员工的工资、福利等，这种管理方式在企业中较为少见，但偶尔也会发生，它将会给员工带来更大的伤害。

在乐购三门店里发生了这样一幕：在人头攒动的卖场里，一名高级经理为了惩罚犯错的员工，竟让他反穿女员工的红色工作服在卖场里巡走“展示”。这种带有侮辱性的处罚令旁观者气愤。另一个比较极端的例子就是曾经被媒体曝光的武汉市乌龙泉镇麻纱厂厂长史梦才因对员工施暴而被捕一事。

武汉市乌龙泉镇麻纱厂，厂长史梦才被警方拘捕的原因是他脾气爆躁，经常打骂、体罚员工。据说，史梦才对外来打工者使用的手段可谓野蛮至极。

在乌龙泉镇麻纱厂工作的员工，如果上班迟到，史梦才不仅扣罚奖金，还要让该员工围着公司大院跑一天。即使累倒下了，也得爬起来再跑。要不然就是更严重的体罚。

工作时间，有的员工去卫生间，如果时间稍微长一点，史梦才就会将其反锁在卫生间内。等到什么时候史梦才兴致好了，才会把他放出来。这还不算完，这名员工还必须将耽误的时间加班补回来，有的还要接受史梦才一顿“无敌鸳鸯脚”才算完事！

员工的法制观念淡薄助长了史梦才的有恃无恐，从此更加肆无忌惮。

史梦才不仅用高墙、电网之类限制员工的人身自由，还经常把打工者打得遍体鳞伤。而有的人经常是旧伤没好，新伤又来“报到”。尽管如此，负伤的打工者，仍要将工作做好，以免受到更重的惩罚。

最终，史梦才的“驴子脾气”让员工们无法再忍受，一位多次受辱的员工将史梦才的种种野蛮行为向公安机关报了案，史梦才最终受到了法律的严惩。

像史梦才这种粗暴的管理方法，实在是太不尊重员工的人格，自然员工也不会为企业卖命，甚至还会拆企业的台。

总之，当你懂得去尊重每一位成员的时候，自然也就会得到他们的尊重，你们之间的合作就不会出现不必要的障碍了。

【狼性团队说】

团队成员和领导者之间相互尊重，就会消除相互之间的隔阂，让执行变得更加快捷有效。这是提高执行力的有效途径，也是打造狼性团队的可行方法。

良好的沟通让狼群更和谐

我们的嗥叫
不完全是为了发泄情绪
也是为了沟通
狼群之间
只有用这种最原始的嗥叫声
我们才能知道对方在想什么
狼群才会变得更加和谐
……

——【狼性宣言】

一个狼群需要沟通才能通力合作，完成对猎物的捕杀，狼群才能变得更加和谐；一个企业、一个团队同样需要良好的沟通才能完成预定的目标、达到企业团队所希望达到的状态。最主要的一点就是良好的沟通能让自己的团队变得更加和谐。

当团队对其成员提出的观点进行评价时，应该运用批判思考的技能对它们进行评价，此时最忌意气用事。重点是要让团队的成员意识到评价的对象是观点，而不是提出观点的人。

最常见的一种错误思考是，有的成员只从个人的爱好或偏见出发，不是对别人提出的观点进行评价，而是把矛头指向个人，这明显就是犯了意气用事的错误。

对有挑战性的观点应该作出这样的回答："我不同意你的看法，原因

是……”而不应该说：“你真无知”。只有如此，才能进行良好的沟通，而不会恶语伤人。

这也就是说，不论任何观点，都应该给予客观的评价，也只有这样，才更加有利于团队的协作和发展。

仔细观察就会发现，团队管理者所做的每件事中都包含着沟通。不是一些事，而是每一件事！因此，对管理者来说，有效沟通不容忽视。如果没有信息，管理者就不可能作出决策，而信息只能通过沟通得到。一旦作出决策，又需要进行沟通。否则，没有人能知道决策是什么。最好的想法，最有价值的建议，最优秀的计划，不通过沟通都无法实施。因此，管理者必须掌握有效的沟通技巧。当然，这并不意味着仅仅拥有好的沟通技巧就能成为成功的管理者，但是，低效的沟通技巧必然会导致管理者陷入无穷的问题与困境中。

沟通与管理成效密切相关。圣迭戈纪念医院的护理部主任珍妮·詹柯维奇的一段亲身经历可以帮助我们更深刻地认识到沟通的重要性。

珍妮·詹柯维奇是圣迭戈纪念医院的护理部主任，她负责管理9名值班主管以及115名注册护士和护士助理。她亲身经历过的一件事，使她对沟通有了全新的认识。

在一个星期一早上，刚一上班，她就意识到自己犯了一个极大的错误。

大约是在早上6:05，珍妮来到医院，她看到一大群护士（要下夜班的护士和即将上早班的护士）正三三两两聚在一起激烈地讨论着什么。当她们看到珍妮走进来时，交谈立即停止。突然的沉默和冰冷的注视，使珍妮明白她们谈论的主题正是自己，而且看来她们所说的并不是赞赏之辞。

珍妮走进自己的办公室，半分钟后她的一名值班主管迪·玛考丝进来了。玛考丝直言不讳地对她说：“珍妮，上周你发出的那些信对人们的打击太大了，它使每个人都感到心烦意乱。”

“怎么了？”珍妮问道：“在主管会议上大家都一致同意，将我们单位财务预算的困难及裁员的可能性通报给每个人。我所做的仅仅是执行这项决议而已。”

“可你都说了些什么？”玛考丝带着明显的失望，“我们需要为护士们的生计着想。我们当主管的以为你会直接找护士们谈话，告诉她们目前的困难，把这个坏消息谨慎地透露给她们，并允许她们提出疑问。那样的话，就可以在很大程度上减小对她们的打击。而你却寄给她们这种形式的信，并且寄到她们的家里，天哪！珍妮，周五收到信后，整个周末她们都处于极度的焦虑之中。她们打电话告诉自己的朋友和同事。现在传言四起，我们处于一种近乎骚乱的局势中，我从没见过员工的士气这么低落。"

在沟通问题上，珍妮·詹柯维奇显然犯了两个错误。首先，她所寄出的信件未能成功地向员工们传达她的意图；其次，选择信件作为媒介来传递她的这一信息是不合适的。有时以书面的形式进行沟通很有效，而有时口头交流会取得更好的效果。当珍妮回过头来反思这一过程时，她得出这样的结论：与大多数人一样，她倾向于回避口头沟通。因为她对这种方式心存疑虑。遗憾的是，在这件事情上，这种疑虑恰恰阻碍了她选择正确的方式来传递信息。珍妮知道这一消息会使员工产生恐慌和不安定的感觉。在这种情况下，她需要一种能保证最大清晰度，并能使她和主管们迅速处理潜在危机的方式来传递信息。最好的做法就是口头传达。把这种未曾料到的坏消息以信件的方式寄至员工家里，无疑是个极大的错误。

很显然，信息失真会阻碍有效沟通。而在沟通的过程中，信息失真经常发生。那么，哪些因素会导致信息的失真呢？除了沟通过程中所指出的一般类型的失真之外，以下五种障碍也干扰了有效的沟通：

1. 过滤信息

过滤（Filtering）指故意操纵信息，从而使信息明显对接受者更为有利。比如，管理者告诉上司的信息都是他想听到的东西，这时这位管理者就是在过滤信息。

过滤的程度与组织结构的层级和团队文化两个因素有关。组织的纵向层次越多，过滤的机会也越多；如果奖励越注重形式和外表，管理者就越会有意识地按照对方的意愿调整和改变信息。

2. 选择性知觉

在沟通过程中，接受者会根据自己的动机、需要、背景、经验及其他个人特点有选择地去看或去听信息，并且还会把自己的兴趣和期望带

进信息之中，这就是选择性知觉。人们往往不是看到事实，而是对所看到的东西进行解释并称之为事实。比如，如果一名面试主考官认为女性员工总是把家庭的位置放在事业之上，那么，无论求职者是否真有这种想法，他都认为女性求职者都是以家庭为重。

3. 极端情绪

在接收信息时，接受者的情绪也会影响到他对信息的解释。不同的感受会使个体对同一信息的解释截然不同。极端的情绪，如狂喜或抑郁，都可能阻碍有效的沟通。这种状态常常使人们无法对事物进行客观而理性的思考。因此，管理者应当尽量避免在很沮丧的时候作决策，此时往往无法清楚地思考问题。

4. 语言风格

对不同的人来说，即使同样的词汇含义也是不一样的。年龄、教育和文化背景这三个因素，很大程度上会影响着一个人的语言风格以及他对词汇的理解。而在一个组织中，员工常常来自于不同的背景。另外，不同的专业人员也发展了各自的行话和技术用语。在一个大型组织中，成员分布的地域非常分散（有些人甚至在不同国家工作），而每个地区的员工都使用该地区特有的术语或习惯用语。

即使是讲一种语言的两个人，他们在语言的使用上也并不一致。但组织中的成员常常对这一点并不了解，他们不知道自己所接触的其他人与自己的语言风格不同，他们自认为自己的词汇或术语能够被其他人恰当地理解。这往往导致了不少沟通问题。因此，了解每个人如何修饰语言将能极大地减少沟通障碍。

5. 非言语提示

非言语提示是信息传递的一种重要方法，它几乎总是与口头沟通相伴，如果二者协调一致，则会彼此强化。比如，上司的言语告诉你他很生气，他的语调和身体动作也表明很愤怒，于是你推断出他很恼火，这极可能是个正确的判断。但是，当非言语提示与口头信息不一致时，就会使信息的清晰度受到影响。如果上司对你说他真心想知道你的困难，而当你告诉他情况时，他却在浏览自己的信件，这便是一个相互冲突的信号。

那么，既然有这么多的因素会阻碍我们的沟通，我们该如何克服呢？

以下的建议将帮助你的沟通更为有效。

1. 恰当运用反馈

如果管理者在沟通过程中注意反馈，会促进沟通的效果。反馈可以是言语的，也可以是非言语的。

当管理者问接受者：“你明白我的话了吗?”此时所得到的答复代表着反馈。但反馈不仅仅包括是或者否的回答。为了核实信息是否按传递信息者的原本意图被接受，管理者可以询问有关该信息的一系列问题。但最好的办法是，让接受者以自己的话将信息复述一遍。

当然，反馈也可以用非言语的方式表达。行动比言语更为明确。比如，销售主管要求所有下属必须填好上个月的销售报告，当有人未能按期上交此报告时，管理者就得到了反馈。这一反馈表明销售主管应该将自己的指令阐述得更清楚一些。同理，当你面对一大群人进行演讲时，你总在观察人们的眼睛以及其他非言语线索来了解他们是否在接受你的信息。

2. 简化语言

语言可能成为沟通障碍，因此，要想使信息清楚明确，易于接受者理解，管理者就应该选择自己的措辞并组织信息。管理者不仅需要简化语言，还要考虑到信息的接受者，以便所用的语言适合于他们。有效的沟通不仅需要信息被接收，而且需要信息被理解。通过简化语言并注意使用与听众一致的言语方式可以提高信息被理解的效果。因此，管理者在与车间工人沟通时，应尽量使用清晰易懂的词汇，并且对他们传递信息时所用的语言应和对办公室工作人员不同。

3. 积极的倾听

听与我们这里所讲的倾听不同。倾听是对信息进行积极主动的搜寻，而单纯的听则是被动的。在倾听时，信息的接受者和发送者双方都在思考。

不少人都不是好的听众。事实上，积极倾听（Active Listening）常常比说话更容易引起疲劳，因为它要求投入脑力，要求集中起全部的注意力。人们说活的速度是平均每分钟 150 个词汇，而倾听的能力则是每分钟可接受将近 1000 个词汇。二者之间的差值留给了大脑充足的时间，使其有机会走神。

4. 抑制自己的情绪

我们已经知道，情绪能使信息的传递严重受阻或失真。而即使是管理者，也不可能总是以完全理性化的方式进行沟通。当管理者对某件事非常失望时，他们很可能会对所接受的信息发生误解，并在表述自己信息时不够清晰和准确。此时，管理者应该暂停进一步的沟通，直至情绪恢复平静。

5. 注意非言语提示

由于行动比言语更明确，因此，克服沟通障碍很重要的一点是注意你的行为，确保它们和语言相匹配并起到强化语言的作用。非言语信息在沟通中占有很大的比重，因此，有效的沟通者十分注意自己的非言语提示，努力保证它们也同样传达了所期望的信息。

总之，对于团队来说，只有做到完美的沟通，一切才能成为现实。

【狼性团队说】

对于一个团队来说，沟通的重要性不言而喻。它是成员心理之间的一座桥梁，让彼此的心都连在一起，信息共享、交流想法、统一思想、消除误会。沟通，让一切变得更加和谐。

准确认识狼群中的各个角色

狼群中的任何一条狼
都在扮演一个角色
我们只有认清这些角色
才能在猎杀的时候
把工作做得更到位、更彻底
这是我们的猎杀经验
也是我们的团队精神
……

——【狼性宣言】

狼群是一个团队意识非常强的团队，无论是在捕杀猎物的时候，还是在和其他狼群进行争斗的时候，这种团队精神都能得到良好的体现。

那么，狼群是如何做到这一点的呢？红嘴狼的经验就是准确认识狼群中每条狼的角色。这一点可以从它组建“超级猎杀团队”中体现出来。

在这个团队之中，每条狼所处的位置基本上是固定的，所起到的作用也是固定的。比如说“猎手狼”的作用就是对猎物实施最后的一击；而“追捕狼”则是对猎物进行追捕、围捕；“助威狼”则是利用自己的嗥叫声对狼群呐喊助威……

正是这种角色的精确定位，使得红嘴狼群成为蒙古草原上一个力量强大的狼群，它们所向披靡、征战无敌。

比尔·盖茨说：“在社会上做事情，如果只是单枪匹马地战斗，不靠集体或团队的力量，是不可能获得真正的成功的。这毕竟是一个竞争的时代，如果我们懂得用大家的能力和知识的汇合来面对每一项工作。我们将无往而不胜。”

随着专业化分工越来越细，市场竞争更加激烈，可以说，单靠一个人的力量是很难把千头万绪的工作做到位的。我们不否认一个人是可以凭着自己的能力取得一定的成就，但如果把你的能力与别人的能力结合起来，那就会取得更大的令人意想不到的成功。

可以说一个人的团队合作精神，会直接关系到他的工作业绩。我们可以想想自己有没有这样的表现：面对困难时喜欢单打独斗，不与其他同事沟通交流；好大喜功，专做不在自己能力范围内的事。假如一个人以这种心态去对待工作，那么，其前途必将是黯淡的。只有把自己融入到团队中去的人才能取得成功。

要融入团队就必须要先有团队意识，而要让自己拥有团队意识，我们就应摒弃“独行侠”的思想，和“狂妄”、“自视清高”、“目空一切”、“刚愎自用”坚决作别，代之以“众人拾柴火焰高”、“众志成城”、“齐心协力”的团队意识。

那么，为了提高自己的团队意识，我们该如何做呢？除了要做好沟通、和团队成员进行配合之外，还有一点非常重要：准确认识狼群中的各个角色。即正确认识每条狼在捕杀猎物时所充当的角色。这一点在团

队合作的过程中也是尤为重要的。

团体好比是活生生的、不断进化的有机体，它们是由处于复杂的和充满活力关系之中的个体构成的。就如在一场球赛中，“没有号码你就无法分辨运动员”一样，一个团队要想有效地发挥作用，就需要你识别出谁是“运动员”，了解他们彼此间的关系，以及决策权是如何分配的。在一个你不熟悉的新团队中，弄清这些情况是特别重要的，它可以为你提供一个你在其中能说话和回答的“思考环境”。

【狼性团队说】

准确地认识团队中成员所担任的角色，了解各成员之间的关系也是你必须要做的一门“功课”，这将有利于你能够尽快地融入到这个大环境中。同时，也可为自己的“运动衣”上标明“号码”，为整个团队作出应有的贡献。